Wiemer

Pit und die Krippenmänner

Rudolf Otto Wiemer

Pit und die Krippenmänner

Eine Weihnachtsgeschichte zum Lesen und Vorlesen

Mit Illustrationen von Brigitte Smith

Patmos Verlag
Düsseldorf

CIP-Kurztitelaufnahme der Deutschen Bibliothek

Wiemer, Rudolf Otto:
Pit und die Krippenmänner : e. Weihnachtsgeschichte
zum Lesen u. Vorlesen / Rudolf Otto Wiemer.
– 1. Aufl. – Düsseldorf : Patmos Verlag, 1985.
ISBN 3-491-79254-1

1. Auflage 1985
Gesamtherstellung: Gebr. Rasch, Bramsche

ISBN 3-491-79254-1

Inhalt

Die erste Geschichte erzählt Pit selber

Das Ende der Welt

Mit dem Ende der Welt fängt es an, da wohnen wir. Weit draußen vor der Stadt, hinter Zilla Sprenkels Haus. Herr Sprenkel fährt jeden Tag mit dem Rad in die Stadt, weil er Liftschaffner bei Kardorf ist. Er hat einen guten Posten, aber einen weiten Weg.

Bei Sprenkels Haus, das aus gelben Backsteinen gebaut ist, liegt die Kiesgrube. Dann gibt es da ein paar Ahornbäume, die im Herbst hübsche, kleine Propeller werfen, danach den Wassergraben, der jetzt zugefroren ist. Über den Graben führt die Holzbrücke, und neben dem Graben geht die Straße entlang. Dann kommen die Kopfweiden, dann das Ende der Welt. So nennen die Leute unsere Baracke. Sie ist dunkelbraun, fast wie Pfefferkuchen oder Schokolade. Mir gefällt die Baracke gut, doch Großvater Thies sagt, es wäre eine Bruchbude. Und wenn das Ende der Welt, sagt er, so erbärmlich aussähe, dann möchte er es nicht erleben.

Geht man die Straße am Wassergraben entlang, so kommt man zur Eisenbahn, dann zum Lappenberg. Ein Berg ist das eigentlich nicht, eher ein Hügel, noch dazu ein staubiger und stinkiger. Der Staub rührt von der Asche und den Abfällen her, die dort ausgeschüttet werden. Man glaubt gar nicht, wieviel Abfall es in einer Stadt gibt. Die Müllwagen sehen wie riesige graue Käfer aus, und der Lappenberg wird immer höher. Eines Tages wird er so hoch sein wie der höchste Kirchturm der Stadt, sagt Großvater Thies. Dann geht die Welt unter. Aber das dauert noch eine Weile.

Ich bin gern auf dem Lappenberg, wenn es dort auch nach den Abfällen stinkt oder nach toten Katzen. Großvater Thies stochert mit einer Stange im Gerümpel. Er sucht Lumpen. Oder Knochen. Oder Papier. Ich gehe hinter ihm und trage den Sack. Haben wir Glück, so finden wir ein Stück Eisen oder ein verbeultes Blech oder einen Drahtbügel. Dann sagt Großvater Thies: »Bück dich, Pit. Das Geld liegt auf der Erde.«

Arko weiß genau, wie kostbar rostiges Eisen ist. Er bellt jedesmal, wenn wir etwas finden. Neulich schleppte er eine Luftpumpe herbei und den Griff einer Schmiedezange. Doch an dem Tag, an dem die Geschichte begann, fand Arko nichts Besonderes. Er trottete vor mir her und knurrte verächtlich. »Nichts als Konservenbüchsen«, knurrte er. »Warum nicht mal ein Ofenrohr? Oder eine Dachrinne?«

Niemand versteht Arkos Hundesprache, nur ich. »Du bist auch mein Freund«, sagt Arko und blinzelt mich unter seinen grauen Haarzotteln grimmig an.

Plötzlich springt er auf die Seite und fängt an zu scharren. Ich denke, er hat einen Hasenknochen oder so was, doch es ist nur ein Bündel Papier, bunt bedruckt, mit goldenem Rand, das zerrt er unter der Asche vor. Vielleicht Billy Jenkins oder Tom Mix, denke ich und nehme ihm das Heft weg.

Ich betrachte das Papier. Dunkelblau ist es, mit Sternen. In der Mitte ein Engel, der trägt ein langes, flatterndes Band. Und auf dem Band steht: Weihnachtseinkauf bei Kardorf gut und billig.

Mit diesem Katalog fängt die Geschichte an. Das Papier war naß, an den Rändern hatten die Mäuse geknabbert. »Willst du bei Kardorf einkaufen?« fragte Großvater Thies spöttisch, als ich den Katalog in den Sack steckte. Er hatte schlechte Laune, weil es schneite.

An solchen Tagen sitzt Großvater meist zu Hause und macht Reiserbesen. Viel Geld ist da nicht zu verdienen. Während er die Birkenruten schneidet, schielt er nach dem Katalog, der auf der Holzkiste zum Trocknen liegt. »Bei Kardorf müßte man sein«, sagt er, »die bezahlen ihre Leute.«

Großvater Thies mag den Katalog nicht. Sooft er dazukommt, wenn ich die Kippwagen, die Pferdegespanne, die elektrischen Eisenbahnen, die Traktoren, die Krane, Bagger und Metallbaukästen betrachte, runzelt er die Stirn. Dabei werden seine Augen klein wie Haselnüsse. Sein Kinn zittert. Und der Bart zittert auch.

Großvater Thies hat nämlich einen Bart. Er sagt, früher war der nicht weiß, doch jetzt ist er weiß, weil der Großvater das Haus und die Frau und die Kinder verloren hat. Nur ich bin geblieben, das ist nicht viel. Die Menschen sind schlecht, sagt Großvater Thies, und er findet keine Arbeit, und der Bäcker Rockstroh will nichts mehr borgen, und auf dem Lappenberg ist auch wenig zu holen, und das Jahr ist naß und kalt und dunkel. »Da kriegt man weiße Haare von«, sagt Großvater Thies und seufzt. Trotzdem glaube ich: Es wird bald besser mit uns, und der weiße Bart gefällt mir. Sehr alt ist Großvater Thies auch nicht. Höchstens sechzig.

Das Schönste im Katalog sind die Krippenmänner, auf Seite 24, rechts unten. Dort sieht man den Stall von Betlehem, mit Maria und Josef und dem Jesuskind. Darunter steht: Beste Handarbeit, 16 Mark 50. Soviel kostet das. Man kann es bei Kardorf abholen und unter den Weihnachtsbaum stellen, wenn man Geld hat. Die anderen Figuren, die an der Krippe knien, sind billiger. Den Hirten zum Beispiel könnte ich vielleicht bezahlen, wenn ich die Sparbüchse leer mache und Schubkarrenjakob Weihnachtsbäume austragen helfe. Schubkarrenjakob steht jetzt auf dem Markt und hat viel zu tun. Nach Feierabend kommt er zu Sprenkels, Karten spielen. Er raucht Pfeife und hat einen

roten Bart. Stets bringt er ein paar Wurstschalen für Arko mit. Weil er Tiere gern hat, sagt er.
Der Hirt sieht fast wie Schubkarrenjakob aus. Er trägt einen Krug in der Hand. Vielleicht haben die Laternen kein Öl mehr, und der Hirt ist unterwegs, welches zu kaufen. Da kommt er zum Stall und lugt hinein. Seine Augen sind groß, das Gesicht mager. Fünf Mark kostet er, der Hirt. Die Weisen aus dem Morgenland sind natürlich teurer, besonders der zweite, der die silberne Krone trägt. Am kostbarsten ist der Mohr mit dem gelben Turban und den dicken, roten Lippen. Den kriegt man nicht unter acht Mark.
Großvater Thies seufzt und wirft Holzstücke auf's Feuer. Plötzlich hat er den Katalog in der Hand. »Soll ich?« fragt er und zeigt nach der Ofentür. Seine Augen blinkern, halb spaßhaft, halb traurig. Ehe ich geantwortet habe, legt er das blaugoldene Papierbündel wieder auf die Holzkiste und macht die Ofentür zu.
Ich frage ihn, ob er die anderen Krippenmänner schon gesehen hat.
»Welche anderen?« fragt Großvater.
Ich zeige auf den Wirt von Betlehem. Er hat eine rote Zipfelmütze und eine hellblaue Schürze. Warum sollte er nicht im Stall nachschauen dürfen, was da geschieht? Sein Gesicht ist rund, doch die Augen erschrocken, weil das Kind in der Krippe ein König sein soll. Der Wirt glaubt das nicht. Deshalb kostet er nur vier Mark fünfzig.
Und wer ist das, der Mann mit dem schwarzen, zottigen Bart und dem runzligen Gesicht? »Vielleicht ein Räuber«, sage ich, weil er ein Messer im Gürtel hat.
»Mag sein«, brummt Großvater, der die Besenreiser an einem langen Haselstock befestigt.
Draußen hagelt der Schneewind ans Fenster. Arko streckt die rote Zunge heraus und gähnt. Ich betrachte das Bild im Katalog und überlege, wie ich die Männer um die Krippe aufstellen will. Ganz nahe den

Hirten mit dem Ölkrug. Rechts und links von ihm die Könige, weil sie einen weiten Weg gehabt haben. Der Wirt kann seitlich stehen, da sieht er genug. Und der Räuber . . .
Der Großvater legt das Messer auf's Dielenbrett und fragt: »Wie soll er denn heißen, der Räuber?«
»Kolle Kunkel«, sage ich.
Der Großvater lacht. »Kein schlechter Räubername! Und der Hirt?«
Ich überlege. »Vielleicht Matti«, sage ich. »Das klingt alt und gutmütig.«
Großvater nickt. »Und der Soldat?«
Richtig, da ist noch ein Soldat, mit Brustharnisch, Helmbusch und roten Handschuhen.
Großvater muß das genau betrachten. »Zu meiner Zeit«, sagt er, »gab es keine Soldaten mit Handschuhen. Höchstens weißlederne, zur Parade.«
»O doch«, sage ich, »er hat rote Handschuhe an.«
»Ja, ja», seufzt Großvater und haucht ein Guckloch in die Fensterscheibe. Er denkt daran, daß er bald von Dorf zu Dorf wandern muß. »Besen braucht auch keiner«, sagt er. Dann wendet er sich wieder den Krippenmännern zu. »Wer ist das?« fragt er.
»Der dritte Weise«, sage ich. »Er sitzt auf einem Kamel, das hat eine Glocke um den Hals.«
»Bißchen jung«, sagt Großvater. »Und hochmütig ist er wohl auch.« Er setzt die Brille auf und mustert den blondhaarigen, prächtig gekleideten Mann.
»Sechs Mark achtzig«, sage ich.
Großvater furcht die Stirn. »Alles gut, aber kaufen, daraus wird nichts. Hörst du, Pit? Viel zu großartig, die Krippenmänner.«
»Weiß schon«, sage ich.
Am nächsten Tag ist der Katalog fort. Zuerst denke ich, Arko ist

daran schuld. Er spielt gern mit Papier. Aber ich finde nirgends einen Fetzen.
Großvater streicht den Bart. Das tut er stets, wenn er scharf nachdenkt. »Hast was verloren?« Er stellt sich harmlos, doch die Stirn ist kreuz und quer durchzogen, wie eine Landkarte; das bedeutet, daß er etwas weiß.
»Den Katalog«, sage ich.
Großvater Thies zuckt die Achseln. Er blickt sich in der Stube um, als könnte der Katalog jeden Augenblick hinter'm Ofen vorkommen, oder neben dem Wandspiegel.
»Willst gewiß die Eisenbahn anschauen?«
»Nein«, sage ich.
»Den Baukasten?«
»Auch nicht.«
»Den Pferdestall?«
»Nein.«
Da weiß Großvater Thies, was ich anschauen will. Er seufzt und streicht wieder den Bart. »Schade, daß der Katalog futsch ist«, sagt er. Seine Stirn wird womöglich noch runzliger.
»Ich werde zu Kardorf gehen und die Krippenmänner anschauen«, sage ich trotzig, um den Großvater zu ärgern.
»Anschauen kostet nichts«, erwidert er gleichmütig. »Besser, du bleibst weg. Was man nicht kriegen kann, soll man sich aus dem Sinn schlagen. Dann tut's nicht mehr weh.«
Ich denke: Womöglich hat er recht. Man kriegt nicht alle Wünsche erfüllt, am wenigsten den, der einem der liebste ist.
Dann pfeife ich und tue so, als hätte ich die Krippenmänner vergessen.
Arko hebt den Kopf. Er blafft und lauscht an der Tür.
Ich weiß, wer kommt. Als es klopft, rufe ich: »Herein, wenn's kein Schneider ist!«

Nein, es ist kein Schneider. Zilla Sprenkel ist es. Sie hat ihren schwarz-weißen Anorak an. Die Nase ist rot. Und ringsherum Schnee.
»Da haben wir die Bescherung«, sagt eine scharfe, knarrende Stimme.
Das ist Erx, die Elster, die auf Zillas Schulter sitzt.
Arko stellt sich auf die Hinterbeine. Er kann den Vogel nicht leiden.
Er möchte ihm eine Feder ausreißen.
»Guten Abend, alle drei«, sagt Zilla und lacht.
Doch damit fängt die nächste Geschichte an.

Die zweite Geschichte erzählt Zilla Sprenkel

Abfahrt nach Betlehem

Ich bin Zilla Sprenkel und habe vorgestern meinen elften Geburtstag gehabt. So kurz vor Weihnachten hat man ungern Geburtstag, weil man nichts Rechtes geschenkt bekommt. »Ist ja bald Heiligabend«, sagt Vater, »dann kriegst du sowieso was.«

Und am Heiligabend heißt es: »Zilla hat doch eben erst Geburtstag gehabt, die braucht nur eine Kleinigkeit.« So ist das. Ich habe mich zwischen zwei Stühle gesetzt. Man kann nichts dagegen tun.

Ich bin auch die mittlere von drei Schwestern. Die älteste sagt, wenn sie ins Kino geht: »Zilla bleibt zu Hause, sie ist noch zu klein.« Die jüngste, sooft sie mit ihren Puppen spielt, sagt: »Dazu ist Zilla doch viel zu groß.« Ich muß dann Holz aus dem Schuppen holen oder Teller abwaschen. Dazu bin ich nicht zu klein, auch nicht zu groß.

Die Haare darf ich mir auch nicht abschneiden lassen. »Vielleicht nächstes Jahr«, sagt Mutter. Deshalb trage ich einen Pferdeschwanz. Und mit Jungen spielen darf ich erst recht nicht. Ich soll mit Heide Rockstroh spielen, aber die ist mir zu zimperlich; sie faßt nicht mal einen Frosch an. Und Sybille Budensiek will schon eine Dame sein. Sie trägt hohe Absätze und geht in die Ballettschule. Das ist mir zu albern. Deshalb spiele ich mit Pit. Das erlauben sie, weil er klein ist.

Pit wohnt in der Baracke und ist gar nicht zimperlich. Er sagt, er kann eine tote Maus anfassen. Und neulich hat er der Elster ein Pflaster gemacht, mit Hansaplast. So geschickt ist Pit, wie ein Sanitäter.

Ach so, ich vergaß zu sagen, daß ich eine Elster habe. Sie heißt Erx. Sie hockte im letzten Winter vor unserer Tür im Schnee und äugte uns groß an, weil sie das rechte Bein gebrochen hatte. Vater machte eine Schiene drum. Die Schwestern sagten: »Die geht bestimmt ein, sie frißt ja gar nicht.« Sie hat aber doch gefressen. Ich habe Vogelfutter aus der Stadt besorgt, und weil ich gerade Geburtstag hatte, habe ich gesagt: »Ich wünsche mir nichts, nur die Elster.« Vater hat gelacht. »Den Vogel kannst du kriegen, wenn du nichts Besseres weißt!« Dann bekam ich ihn. Mutter schenkte mir noch eine Tüte Futter, und Pit brachte einen großen Käfig, den hatte er selber gebastelt, aus einer Kiste, mit Holzstäben. Eine Tür ist drin, eine Tränke aus Porzellan und eine Schaukel. Da sitzt Erx und krächzt.

Erx ist ein kluger Vogel. Wenn man genau zuhört, merkt man, daß sie sprechen kann. »Verflixt noch mal«, krächzt sie, weil Großvater Thies das häufig sagt. Ich habe der Elster außerdem den Satz beigebracht: »Da haben wir die Bescherung!« Sie sagt es ganz deutlich. Pit versteht es, doch die beiden Schwestern lachen mich aus. »Was du dir einbildest«, sagen sie. Warum soll ein so schöner und gelehriger Vogel nicht sprechen können?

Erx hat wunderbar weiche Federn, schwarze und weiße. Die glänzen wie Perlmutt. Das Schönste an ihr ist der lange, bewegliche Schwanz. Sie fliegt auf die Weiden am Wassergraben, kommt aber stets zurück, wenn ich rufe. Sogar auf dem Schornstein des Bäckers hat sie gesessen, und neulich, als ich in die Schule fuhr, ist sie eine Weile neben dem Bus hergeflogen und hat laut gerufen: »Da haben wir die Bescherung!« Der Busschaffner hat gelacht, als ich ihm erklärte, was sie ruft. Er hat vergessen, meine Karte zu lochen, so gelacht hat er.

Das dritte hat Schubkarrenjakob dem Vogel beigebracht. Er kommt häufig und betrachtet unseren Bildschirm. Noch lieber spielt er Karten mit Vater. Dann knallt er die Faust auf den Tisch und ruft: »Ich bin

König!« Sehr erschrocken ist er gewesen, als er einmal gegen Abend in die Tür trat und eine schnarrende Stimme rief: »Ich bin König!« Seitdem bringt er dem Vogel stets Mehlwürmer mit. Und Erx schreit noch lauter, sooft sie Schubkarrenjakob von weitem erblickt.
Trotzdem muß man achtgeben, daß Erx nichts stibitzt. Alles Glänzende gefällt ihr. Sie schleppt Gardinenringe fort oder Sicherheitsnadeln. Neulich hat sie die Armbanduhr meiner Schwester ins Waschbecken geworfen, und ich habe die Reparatur bezahlen müssen.
Man weiß nie genau, worauf Erx Appetit hat. Deshalb soll sie auch nicht zu Kardorf, nein, das wäre gefährlich. Und Pit hat versprochen, Arko ebenfalls zu Hause zu lassen. Wir gehen allein, Pit und ich. Niemand darf es wissen, nicht mal Großvater Thies, weil er einen Ärger auf die Krippenmänner hat. »Er ist schuld, daß ich zu Kardorf muß«, sagt Pit, »warum verbrennt er den Katalog.«
Zuerst habe ich Pit alles ausreden wollen. Er sollte sich's lieber auf dem Bildschirm ansehen. »Pah, Bildschirm«, sagte Pit, wo der Apparat doch zweitausend Mark gekostet hat, auf dreißig Monatsraten. Mutter hat oft gestöhnt, und Vater ist stolz darauf.
»Nein«, sagte Pit, »bei Kardorf, das sind richtige Krippenmänner.«
»Stimmt«, sagte ich, »aber Kardorf liegt mitten in der Stadt, und wir müssen eine Menge Zeit haben.«
Pit hat gesagt, er braucht nur eine halbe Stunde für die Krippenmänner.
»Was willst du mit ihnen?«
»Angucken.«
»Weiter nichts?«
Pit schüttelte den Kopf.
»Eine halbe Stunde lang angucken?«
Pit nickte. »Sind sie nicht viel schöner als im Katalog?«
»Ja, viel schöner.«

Pit wurde richtig aufgeregt. »Hast du sie gesehen, Zilla?«
»Natürlich, ich bin doch oft bei Kardorf. Ich besuche meinen Vater und fahre mit dem Lift in den sechsten Stock.«
»Fahren wir auch in den sechsten Stock?«
»Nein, die Krippenmänner stehen im fünften Stock. Nebenan ist Damenkonfektion.«
»Damenkonfektion? Was ist das?«
Ich lachte. »Das weißt du nicht?«
»Sei nicht albern«, sagte Pit, »woher soll ich wissen, was Konfektion ist? Etwas für Weihnachten?«
»Nein, da gibt es Röcke, Blusen, Kleider, Mäntel, alles für Damen.«
»Ach so. Und die Krippenmänner sind nebenan?«
»Jawohl. Bei Tante Filzschuh.«
»Wer ist das, Tante Filzschuh?«
»Die Verkäuferin.«
»Ist sie alt?«
Ich nickte.
»Weiße Haare?«
»Nein, braun. Sie färbt sich die Haare.«
»Macht nichts«, sagte Pit, »wenn sie nur alt ist.«
»Warum?«
»Na«, sagte Pit großspurig, »das weißt du nicht?« Er wollte sich rächen, weil ich ihn ausgelacht hatte. »Erstens mal, alte Leute sind meist kurzsichtig.«
»Weitsichtig«, sagte ich.
»Meinetwegen, weitsichtig. Dann merkt sie also nicht, wenn ich eine halbe Stunde bei den Krippenmännern stehe. Und zweitens, alte Leute können nicht gut rennen.«
»Wozu das?«

»Kann doch sein, wir müssen vielleicht rennen. Meinst du, daß Tante Filzschuh uns einholt?«
»Aber Pit«, sagte ich, »willst du einen Krippenmann stehlen?«
»Wieso?«
»Na, weil du denkst, du mußt ausreißen.«
»Das kann man nie wissen. Und stehlen möchte ich schon, wenn es nicht verboten wäre.«
»Bei Kardorf kann niemand stehlen«, sagte ich, »da gibt's Detektive, die passen auf.«
»Ich tu es ja gar nicht«, sagte Pit.
»Würde dir auch nichts nützen. Tante Filzschuh kann nämlich laufen wie ein Wiesel. Sie ist auch nicht weitsichtig.«
»Schade. Mag sie Kinder leiden?«
Ich schüttelte den Kopf.
»Dich auch nicht, Zilla?«
»Nein, mich auch nicht. Deshalb habe ich sie Tante Filzschuh genannt.«
»Heißt sie nicht so?«
»I wo, das ist ihr Spitzname. Eigentlich heißt sie Rosalie Schuh.«
»Und du meinst, Filzschuh klingt besser?«
»Klar, das paßt zu ihr. Sie schlurrt hin und her. Und ihre Hautfarbe ist gelb, und Falten hat sie . . .«
»Wie ein alter Filzschuh«, sagte Pit.
Wir lachten so laut, daß Großvater Thies über die Brille schaute. Und Erx, die Elster, die auf dem Schrank saß, krächzte.
»Wann gehen wir los?« fragte ich.
Pit machte mir ein Zeichen, ich sollte näherkommen. Er war damals noch nicht krank. Er saß in der Ecke und kratzte den Rost von einem Ofenrohr. Damit war er gerade fertig.
»Jetzt kommt die bessere Arbeit«, sagte er laut und fing an, das Rohr

mit Silberbronze zu bemalen. Er schielte zum Großvater. »Morgen«, sagte er leise, »morgen gehen wir. Da ist Großvater Thies über Land.«
Wir gingen also am nächsten Tag. Es schneite. »Das ist günstig«, sagte Pit, der eine dicke, rote Pudelmütze aufgesetzt hatte, »der Schnee verdeckt unsere Spuren.«
Ich glaube, er liest Billy Jenkins. Manchmal findet er ein buntes Heft auf dem Lappenberg. Das trocknet er und versteckt es unter dem Bett.
»Wir müssen uns beeilen«, sagte ich, »um sechs wird Kardorf zugemacht.«
Pit lief neben mir her, so schnell er konnte. Seine Pudelmütze war jetzt fast weiß. Nur die Backen waren rot, als hätte er lange neben dem Ofen gesessen. Ich glaube, er hatte schon etwas Fieber.
»Das wäre sehr schade«, sagte Pit.
»Was?«
»Wenn wir zu spät kämen, Zilla. Ist fünf Minuten nach sechs zu spät?«
»Natürlich, da ist die Tür zugeschlossen.«
»Und dann bleibt sie zugeschlossen? Bis zum anderen Morgen?«
»Früh um sieben wird aufgemacht, da kommen die Scheuerfrauen.«
»Hm«, sagte Pit.
Ich dachte, er könnte nicht so schnell laufen, weil er immer stiller wurde. Ich wollte ihn an der Hand fassen, da merkte ich, daß er etwas Eingewickeltes trug. »Was ist das, Pit?«
»Nur ein Stück Brot«, sagte Pit.
»Wozu nimmst du Brot mit?«
»Wenn ich Hunger kriege«, sagte Pit.
Na so was! Dieser Pit! Geht zu Kardorf und nimmt Brot mit!
Plötzlich standen wir in einem grellen Lichtschein. Die Flocken tanzten schräg, wie blitzende Funken. Ein Auto bremste und hielt. Das Fensterchen schob sich herab, ein dicker, grauhaariger Kopf erschien in der Öffnung. Es war Bäcker Rockstroh. »Wohin?« fragte er.

Ich sagte: »Zum Weihnachtsmann.«
»Das ist gut«, lachte Rockstroh, »da könnt ihr mitfahren.«
»Jetzt schaffen wir's«, sagte Pit, als wir in Rockstrohs Lieferwagen saßen, zwischen Brot und braunen, duftenden Christstollen. Als die Tür zuknallte, rief Pit: »Abfahrt nach Betlehem!« Er guckte mich strahlend an. »Siehst du, wir haben Glück!«
Pit erzählte von einem Räuber, den er Kolle Kunkel genannt hatte, ich verstand aber nicht, was er meinte. Dann fing er an, von Matti, dem Hirten, zu sprechen, der Öl holen muß, weil die Laterne kein Licht hat. »Hast du Matti gesehen?« fragte er.
»Wo denn?«
»Na, bei Kardorf. Neben der Krippe.«
Nein, so genau hatte ich die Krippe nicht angeschaut.
Pit schüttelte den Kopf. Wie war das möglich, daß man die Krippe bei Kardorf nicht genau anschaute!
»Und den Soldaten? Hast du wenigstens den Soldaten gesehen? Auch nicht?«
Ich fragte, wieso ein Soldat bei der Krippe stünde, da wären doch nur Könige und Hirten.
Pit blickte mich geringschätzig an. Ob ich nicht wüßte, daß damals der Kaiser Augustus regiert habe?
»Klar, der Kaiser Augustus.«
»Und hat der vielleicht keine Soldaten? Sie liegen in Betlehem im Quartier. Kann doch sein, daß einer zufällig am Stall vorbeikommt, beim Wacheschieben oder so. Er sieht das Licht im Stall und denkt: Halt, da ist was los. Will mal sehen, ob es mit rechten Dingen zugeht.«
Pit wurde gesprächiger. Der Bäcker wendete manchmal den Kopf und lachte. »Hört euch bloß den Pit an!« rief er und rieb seine dicke, knollige Nase. Bald sahen wir die ersten hellerleuchteten Schaufenster. In der Innenstadt hatte man grüne Girlanden über die Straße

gespannt, die waren mit Glühbirnen besteckt, und wir fuhren drunter durch.
Als wir ausstiegen, sahen wir einen riesigen Weihnachtsbaum, der stand auf dem Marktplatz, neben Goldonis Bude. Ich wäre gern stehengeblieben, weil auf jedem Zweig des Baumes eine Puppe hing, die wie ein Engel gekleidet war, doch Pit zog mich vorwärts.
Dann sahen wir die Rathausuhr und erschraken: Fünf Minuten vor sechs. Pits rote Backen wurden blaß. »Vielleicht geht sie eine Viertelstunde vor«, sagte er. Aber er glaubte es selber nicht. Rathausuhren gehen immer richtig.
Fast noch größer war unser Schreck, als wir plötzlich zwei Hände in unserem Genick fühlten, kalte, große Hände, sie rochen nach Schnee und Harz. Die eine Hand lag auf Pits Hals, die andere auf meinem Hals, und sie gehörten Schubkarrenjakob. »Ihr kommt wie gerufen«, sagte der und drehte uns um. Wir sahen ihn stehen, in einer grünen Lodenjoppe und einem grünen Jägerhut. An den Füßen trug er Gummistiefel. »Wollt ihr helfen?« Er zeigte auf die dunkle Ecke am Rathaus, wo ein Verkaufsstand für Fichten war. »Manche Leute wollen den Baum nicht selber nach Hause tragen. Könnt euch ein paar Groschen verdienen«, sagte Schubkarrenjakob.
Ich hätte es gern getan, doch Pit hatte keine Zeit. Er wollte zu Kardorf, die Krippenmänner anschauen, sonst nichts.
Ich sagte, zu Kardorf könnten wir morgen auch noch, oder übermorgen.
Da packte Pit meinen Anorak und zog mich einfach fort, am Rathaus vorbei in die Seitengasse. Von den Dächern herab blies der Wind, schräg sausten die Flocken. Ich war fast blind und rannte gegen einen dicken Mann, der mehrere Pakete im Arm trug. »Paß doch auf, dummes Gör!« schimpfte der Mann. Ich wollte mich entschuldigen, doch Pit ließ den Anorak nicht los, bis wir vor Kardorf standen.

»Hat keinen Zweck mehr«, sagte ich, »es wird gleich sechs schlagen.«
»Komm«, sagte Pit. Er zog mich durch die Drehtür. Es war plötzlich warm und hell. Wir schauten in den Lichthof, wo auf einer großen, goldenen Leiter Engel herabschwebten, weiße, prächtige Engel mit schwarzen Haaren. Ihre Gesichter waren schön und starr, wie sie Puppen in den Frisörläden haben.
»Komm, zum Lift«, sagte ich.
Pit wollte aber nicht zum Fahrstuhl. Er sagte, mein Vater dürfte uns nicht sehen.
Wir zwängten uns durch, zwischen Lametta, Kerzen, Glaskugeln. Hinter der Seifenabteilung, wo es immer so gut riecht, war die Rolltreppe.
Langsam rollten wir aufwärts in den ersten Stock.
»Was gibt es hier?« fragte Pit.
»Möbel und Teppiche.«
Dann kam der zweite Stock. Während wir noch höher rollten, sagte Pit, der dicht neben mir stand: »Weißt du, weshalb ich das Frühstücksbrot mitgenommen habe?« »Nein.«
»Weil wir vielleicht hierbleiben.«
»Bei Kardorf?«
»Ja. Die ganze Nacht. Wir verstecken uns einfach. Dann haben wir Zeit für die Krippenmänner.«
»I«, sagte ich, »da werden wir doch eingeschlossen!«
»Macht nichts«, sagte Pit.
Wir waren im fünften Stock.
Pit konnte es kaum erwarten. Er sprang von der Rolltreppe wie von einem Schiff, das angelegt hat. »Wo ist Tante Filzschuh?« fragte er.
»Dort, hinter den Damenmänteln . . .«
Und damit fängt die nächste Geschichte an.

Die dritte Geschichte erzählt Tante Filzschuh

Spukt es bei Kardorf?

Ich erkannte die beiden sofort, wenigstens das Mädchen. Ist doch Zilla Sprenkel, dachte ich. Gewiß will sie ihren Vater abholen, den Liftschaffner. Ich erkannte sie am schwarzweißen Anorak, der so gut zu ihren Sommersprossen paßt. Aber wen hat sie denn da an der Hand?

»He, Zilla!« rufe ich.

Sie hört nicht. Alles rennt zu Kardorf, um die Engel zu sehen, und die reiche Auswahl der Geschenkartikel. Hier ist alles noch prächtiger als im Katalog. Das glitzert und flimmert und blinkt. Dazu der Lärm aus den Lautsprechern! Da soll unsereins bei Verstand bleiben.

»Guten Abend, Tante Schuh«, sagt Zilla, gibt mir die Hand und wirft den Pferdeschwanz nach hinten.

»Wen bringst du denn da?«

»Das ist Pit. Er wohnt bei uns draußen.«

»Ist wohl nicht viel los am Ende der Welt?« Ich schreibe den Bon für die Dame, die eine Mamapuppe gekauft hat. »Dunkel, was? Und Schnee? Und Wind?«

»Ja, so hell wie hier ist es nicht. Auch nicht so gemütlich.«

»Deshalb kommt ihr zu Kardorf? Wollt die Füße wärmen, wie?« Ich nehme die Lokomotive aus der Schachtel und zeige sie einer neuen Kundin. »Federwerk? O nein, meine Dame. Dieses Modell hat elektrischen Antrieb. Geschwindigkeit dreißig Kilometer. Wird viel verlangt, meine Dame.« Zwischendurch gebe ich dem Jungen mit der Pudelmütze die Hand, dem Pit.

Er sagt: »Guten Abend, Tante Schuh«, und macht eine Verbeugung.

Dabei weiß ich genau, daß die Gören mich »Tante Filzschuh« nennen, aber nur, wenn ich es nicht höre.

Die Kundin, die den Preis der Lokomotive gesehen hat, schüttelt den Kopf und geht.

Ich halte dem Pit die Schachtel unter die Nase: »Das wäre etwas für dich!«

Er wirft einen kurzen, verächtlichen Blick auf das Räderwerk. Seine Augen glänzen fiebrig.

»Bist du krank, Bürschchen?« Ich lege die Hand auf Pits Stirn.

Er macht eine unwillige Bewegung, als wollte er sagen: Bei Kardorf ist man doch nicht krank. Aber die Stirn ist heiß, wie ein Bratapfel.

»Der Pit muß ins Bett«, sage ich, »macht, daß ihr nach Hause kommt. Ist sowieso Geschäftsschluß.«

Ich packe meine Siebensachen zusammen, den Block, die Kaffeetasse, die Schürze, den Schlüssel. Ein Kunde will wissen, ob ich Bleisoldaten verkaufe.

»Nein, mein Herr. Soldaten führen wir nicht. Ist ja Weihnachten, mein Herr. Friede auf Erden und den Menschen ein Wohlgefallen.«

Der Kunde ist grantig und geht.

»Wo sind die Krippenmänner?« sagt Pit plötzlich. Er sagt es leise, aber entschieden.

»Welche Krippenmänner?«

»Die im Katalog.«

»Willst du sie kaufen?«

Pit schüttelt den Kopf.

»Na also.«

Pit verzieht das Gesicht, als müßte er niesen. Die letzten Kunden verschwinden im Lift. Endlich sieht man wieder ein Stück Fußboden. Zwischen den Verkaufsständen wird es leer. Die Schallplatten schweigen. Nur die Prozession der Engel läuft weiter. Im Lichthof schweben sie gravitätisch in die Tiefe.

»Wo sind die Krippenmänner, Tante Schuh?« fragt Pit. Seine Stimme zittert.

»Na, na«, sage ich, »weine man nicht gleich.«

Was gehen mich die Krippenmänner an? Müssen die beiden ausgerechnet heute kommen, wo ich es eilig habe? Ich kann nicht mal nach Hause fahren, weil das Theater kurz nach sieben Uhr beginnt. Deshalb ziehe ich mich gleich hier um, in der Nähstube. Ich esse eine Schnitte. Ich nehme den schwarzseidenen Rock aus dem Koffer und die gelbgestreifte Bluse. So mache ich es stets, seit ich ein Abonnement habe. Ist zwar teuer für unsereins, aber was soll man tun an den langen Winterabenden? Stricken kann man nicht immer, oder fernsehen. Und wer allein in der Welt ist, wird vor Weihnachten leicht traurig. Da gehe ich lieber ins Theater und sehe mir die »Katze auf dem heißen Blechdach« an.

»Ihr müßt jetzt gehen«, sage ich. »Die Türen werden geschlossen.«

»Nein«, sagt Pit trotzig. Er hat die Pudelmütze abgesetzt. Die Haare kleben ihm an der Stirn.

»Ich habe keine Zeit«, sage ich, »muß mich jetzt umziehen.«

»Wir warten hier«, sagt Zilla und wirft mir einen herausfordernden Blick zu. Olle Tante Filzschuh, soll das wohl heißen. Als ob die Tante Schuh nicht Feierabend haben dürfte und eine Abonnementskarte für das Theater!

»Gut«, sage ich, »aber macht keine Dummheiten.« Im Vorbeigehen zause ich Pits Wuschelkopf. Der Bengel blickt sich ratlos um. In der Hand trägt er ein verschnürtes Päckchen. Vielleicht will er es irgendwo abgeben.

Ich lasse die Tür der Nähstube einen Spalt offen, weil ich die Kinder beobachten will. Das Kaufhaus ist jetzt leer. Die jungen Verkäuferinnen haben es noch eiliger als ich. Die Lampen werden ausgeschaltet. Auch die Engel unterbrechen ihren Flug durch die Stockwerke. Noch immer schwebend, ruhen sie, mit ausgebreiteten Flügeln, mit starren, lächelnden Gesichtern.
Was hat Zilla bloß zwischen den Verkaufsständen zu suchen? Sie läuft hin und her und reckt den Hals. Sie betrachtet eine Weile den Weihnachtsbaum. Sie bückt sich, steht wieder auf, schüttelt den Kopf. Ja freilich, dort hat die Krippe gestanden. Maria und Josef und das Kind. Und ringsum die Krippenmänner, wie Pit sie nennt. Merkwürdige Krippenmänner, übrigens. Vom Hirt und von den Königen will ich nichts sagen, die gehören nun mal dazu. Aber was hat der Soldat bei der Krippe zu schaffen? Ich zuckte die Achseln, als der Herr mit der Baskenmütze danach fragte. »Weiß nicht, mein Herr. Vielleicht ein Soldat des Kaisers Augustus.« – »Nicht schlecht«, meinte die Baskenmütze, »auf jeden Fall originell. Und dieser Bursche da?« Er zeigte auf den Stoppelbärtigen, den man unmöglich für einen Hirten halten kann, weil er so finstere Augen hat und ein Messer im Gürtel. »Scheint ein Räuber zu sein«, sagte ich, »dem Preis nach zu urteilen.« Die Baskenmütze, die das für einen Scherz hielt, lachte. »Ein Räuber, wie interessant.«
Ich glaube, ich muß die Bluse aufbügeln. Das fehlt mir noch. Völlig zerknittert, besonders der Kragen. Hm, so kann ich mich im Theater nicht sehen lassen. Ob ich's versuche? Da ist das elektrische Bügeleisen. Her damit, den Stecker in die Dose – das schaffst du, Tante Filzschuh. Eigentlich kann man den Gören nicht böse sein, wenn sie mich Filzschuh nennen. Das haben wir genauso gemacht, als wir jung waren. Ist bloß lange her.
Sie stehen immer noch dort. Das Suchen haben sie aufgegeben. Sie

lassen die Köpfe hängen. Wie Hühner, wenn's schneit. Vielleicht hätte ich ihnen sagen sollen, daß die Krippenmänner fort sind, seit'ner guten Stunde. Der Mann mit der Baskenmütze hat alles gekauft. Sogar den Räuber. Ich vergaß, eine neue Krippe vom Lager kommen zu lassen. Tut mir leid, so was passiert schon mal. Die Jüngste ist man ja auch nicht mehr.

Nun wird es aber Zeit! Schnell, die Bluse an, Mantel, Schal, Hut. Fertig, Tante Filzschuh!

Als ich aus der Nähstube komme, nein, kriege ich da einen Schreck: Die Kinder sind fort! Ich gucke nach allen Seiten, ich rufe, nichts. Wie vom Erdboden verschwunden sind sie.

Ich gehe zum Geländer und spähe in den Lichthof hinab. Nur die Notlampen brennen. Die Engel hängen in der Luft und lächeln feierlich. Von den Kindern keine Spur. »Zilla!« rufe ich, »Pit!« Niemand antwortet.

Ich renne zum Weihnachtsbaum. Vielleicht erlauben sie sich einen Scherz. Haben sich im Grün versteckt, die Gören. Ich hebe die Zweige. Nichts.

Ich wende mich um, will die Treppe hinunter, denn der Fahrstuhl ist schon außer Betrieb. Da bleibe ich stehen, wie erstarrt.

Spukt es bei Kardorf? Bisher war doch alles faßbar: ein Kaufhaus, das vor Weihnachten furchtbar überlaufen ist. Herr Nottebohm spricht davon, daß ein Flügel angebaut werden muß. Eventuell will man auch aufstocken, in der Luft ist ja Platz. Aber was sagt Herr Nottebohm, wenn er erfährt, daß es bei Kardorf spukt?

Die Kinder sind gar nicht fort, sie sind verzaubert! Ich setze die Brille ab und reibe die Augen. Er ist immer noch da, der Hund. Wahrhaftig, ein kleiner, spitznasiger Köter mit zottigem Fell und schrägen, unruhigen Augen. »Pit!« rufe ich entsetzt. Wer hat den Jungen in einen Hund verwandelt?

Da sagt jemand: »Verflixt noch mal!«
Ich blicke mich um. Ist außer mir noch jemand in der Etage? Dort, auf dem Geländer, über dem Lichthof – wahrhaftig, dort hockt eine Krähe! Nein, keine Krähe. Eine Elster, vielleicht. Jedenfalls ein schwarzer Vogel mit weißen Flügelstreifen. Das muß Zilla sein. Wo wäre sie sonst?
»Zilla«, sage ich seufzend. Oder ist es doch ein richtiger Vogel? Wie kommt er in meine Verkaufsabteilung?
»Da haben wir die Bescherung!« sagt der Vogel. Er legt den Kopf schräg und lacht. Nicht anders, als Zilla mitunter gelacht hat, wenn sie sich über Tante Filzschuh lustig machte.
»Halt den Schnabel«, sage ich, »du hast hier nichts zu suchen. Du gehörst nicht zu Kardorf.«
»Ich bin König!« ruft die Elster und fliegt auf die Spitze des Weihnachtsbaumes, während der Köter mit gesenktem Kopf bei den Mänteln der Damenkonfektion schnuppert.
Zum Glück kommt jetzt Sprenkel. Er rasselt mit dem Schlüsselbund. Noch ehe er etwas sagen kann, ist der Hund kläffend an ihm hochgesprungen, und die Elster sitzt flatternd auf seiner Schulter.
»Arko!« ruft Sprenkel, »wo kommst du her?« Er tätschelt den Hund. Für ihn ist das eine freudige Überraschung. Danach läßt er die Elster auf dem Finger tanzen.
»Ich gehe. Leben Sie wohl, Sprenkel!« rufe ich zu ihm hinüber.
»Halt doch, Tante Schuh! Sie müssen mir wenigstens sagen, wie das Viehzeug hereingekommen ist!«
Ich winke mit den Handschuhen. »Morgen, Sprenkel, erkläre ich Ihnen alles! Muß ins Theater! Komme sonst zu spät!«
Dann fallen mir die Kinder ein. Wie konntest du das vergessen, Tante Schuh! Ich drehe mich um, sage: »Vor fünf Minuten waren sie noch hier . . .«

»Wer?« fragt Sprenkel, der noch immer den Hund tätschelt.
»Zilla und Pit!« sage ich. »Wie verhext, Sprenkel! Sie müssen sich irgendwo versteckt haben. Suchen Sie um Gottes willen das Stockwerk ab, damit nichts passiert! Ich hätte sonst keine Ruhe im Theater.«
Ich renne zur Treppe. Ich sehe ihn, den gelb und braun uniformierten Liftschaffner, wie er verdattert zwischen dem Spielzeug steht, den Hund an den Knien, den Vogel auf der Schulter. Er starrt kopfschüttelnd hinter mir her. Er weiß nicht, was das alles bedeuten soll.
Der Hund reckt den Hals und kläfft.
Und damit fängt die nächste Geschichte an.

Die vierte Geschichte erzählt der Hund Arko

Eine Tür ist immer offen

Ich wußte gleich, daß da irgend etwas nicht stimmte. Großvater Thies hatte mir einen Knochen in den Futternapf getan und gesagt: »Gib auf den Jungen acht, Arko. Er redet dummes Zeug, von Kardorf, vom Katalog, von den Krippenmännern. Vielleicht hat er Fieber. Paß auf, Arko, daß er nichts Dummes anrichtet. Willst du?«

Ich sprang an des Großvaters Knie und kratzte ihm die Hose. Das bedeutet: Einverstanden.

Der Großvater zog den grauen Soldatenmantel über, nahm die Reiserbesen und ging.

Es schneite, der Wind pfiff. Ich hörte den Schritt des Großvaters, der am Eis des Grabens entlang sich langsam entfernte. Großvater Thies hinkt, daran erkennt man ihn leicht.

Am liebsten hätte ich ihn begleitet. In den Dörfern ist mehr los als hier. Ich hätte ein paar Gespräche mit meinen Bekannten, den Bauernkötern, gehabt, und gewiß wäre auf den Höfen allerlei Gutes abgefallen. Die Bauern schlachten jetzt und sind weniger knauserig als sonst. Doch Befehl ist Befehl. Großvater Thies weiß, daß er sich auf den Hund Arko verlassen kann.

Ich legte mich neben den Ofen und tat, als schliefe ich. Pit saß am Tisch und kritzelte.

»Sieh mal, Arko«, sagte Pit nach einer Weile, »was ich da habe!« Er hielt mir das Papier vor die Nase, ich konnte aber nichts erkennen.

»Siehst du den Hirten Matti nicht?« fragte er.
Ich sagte: »O ja, den Hirten Matti kenne ich. Er wohnt in einem Haus mit zwei Rädern, draußen am Dohlenbrink, wo er die Schafe hütet. Sein Hund heißt Harras. Ich habe mich oft mit ihm gezaust. Und Harras sagt, daß der Hirt nichts mehr liebt als Schnaps.«
»I wo«, sagt Pit, »der Hirt Matti ist doch in Betlehem. Bei der Krippe.«
»Eine richtige Krippe? Aus der die Pferde fressen?«
»Jawohl, eine richtige Krippe. Und der Räuber Kolle Kunkel ist auch dort. Und der Soldat des Kaisers Augustus. Erst recht natürlich der Engel. Hast du mal einen Engel gesehen, Arko?«
»Kann sein. Wie sieht er denn aus?«
»Er ist weiß. Und hat Flügel.«
»Dann gibt es eine Menge Engel in den Dörfern«, sage ich. »Sie watscheln in den Pfützen und machen ein großes Geschrei. Zu Martini werden sie geschlachtet.«
Pit lacht. »Das sind doch Gänse, Arko! Du bist aber dumm!«
Ich knurre. Pit soll mich in Ruhe lassen. Er könnte auch die Tür zur Schlafkammer zumachen, weil es kalt dort hereinzieht. Aber der Bengel ist wieder bei seinem Papier. Er zeichnet die Krippe, sagt er. Ab und an geht er ans Fenster.
»Wartest du auf jemanden?« frage ich.
Pit schüttelt den Kopf.
»Etwa auf den Engel? Oder auf den Räuber Kunkel?«
Pit sagt, er zählt die Schneeflocken. »Kannst du das auch, Arko?«
Ich sage, daß ich nur bis drei zählen kann.
»Das ist nicht viel. Du müßtest in die Schule, Arko, und zählen lernen.«
»Nein«, sage ich, »für einen Hund genügt es, wenn er bis drei zählen kann. Arko, Großvater Thies und Pit, das sind drei.«
»Du hast Zilla Sprenkel vergessen«, sagt Pit, »und Erx, die Elster.«

»Hör auf«, sage ich, »den Vogel kann ich nicht ausstehen. Hat nichts als Flausen im Kopf.«
Pit öffnet die Tür und blickt in den Schneewirbel. »Das ist gut«, sagt er, »das gibt keine Spuren.«
»Willst du fort?«
»I wo«, sagt Pit, »das Wetter ist mir zu schlimm.«
»Wetter macht nichts. Ein richtiger Hund fürchtet sich nicht vor dem Wetter.«
»Ich bin doch kein Hund«, sagt Pit.
»Schade«, sage ich.
Solche Gespräche führten wir. Pit war lieb und hinterhältig. Er sagte, ich solle mich in die Kiste legen und schlafen. Wäre das Beste bei dem Wetter. Er schleppte sogar die schafwollene Decke vom Sofa herbei. Doch als er mir den Kopf zudecken wollte, knurrte ich und sagte, ich müßte die Augen frei haben. Ich muß aber trotzdem eingeschlafen sein. Plötzlich höre ich Geflatter und Gekrächze. Ich recke den Kopf. Nein, das ist kein Traum. Auf dem Schranksims sitzt der flattrige Vogel. »Schlafmütze«, krächzt er, »Schlafmütze, Schlafmütze!«
»Komm herunter«, knurre ich, »ich will dir ein paar Federn ausrupfen!« Da sehe ich, daß die Stube leer ist.
»Wo ist Pit?« rufe ich und springe aus der Kiste.
»Fort«, sagt der Vogel schadenfroh.
»Und wie bist du hereingekommen?«
»Zur Schlafkammertür, wie du siehst. Das Fenster in der Kammer ist ebenfalls offen.«
Die Elster hatte recht. Ich war nicht wachsam gewesen. Etwas Schlimmeres gibt es nicht für einen Hund, der auf sich hält.
»Sei froh, daß ich dich geweckt habe«, sagt die Elster großspurig. »Und jetzt müssen wir hinterher!«
»Wohin?« frage ich kleinlaut.

»Zu Kardorf, wohin sonst?« Sie spreizt die Flügel und blickt mich spöttisch an. »Weißt du wenigstens den Weg?«
Ich nicke. Oft genug bin ich bei Kardorf gewesen. In der Nähe wohnt ein grauhaariger, erfahrener Pinscher, den ich mitunter um Rat frage.
»Los!« krächzt die Elster. »Keine Umstände!« Sie flattert in die Kammer und ist durch das obere Fenster im Nu verschwunden.
»Verflixt noch mal!« schimpft der Vogel. »Kommst du endlich?«
»Bin auf meine Beine angewiesen«, knurre ich.
»Wäre auch noch schöner, wenn du Flügel hättest«, sagt die Elster und fliegt davon.
Am liebsten wäre ich umgekehrt, weil es mir zu dumm vorkam, mich von einem Vogel kommandieren zu lassen. Doch ich dachte an den Großvater und daß ich auf Pit achtgeben sollte, damit er nichts Dummes anrichtet. Also trottete ich los, über den frischen, kalten Schnee. Wir kürzten den Weg und liefen quer durch die Schrebergärten. Das heißt, ich lief. Die Elster hatte es leichter. Sie flog ein Stück voraus. Dann hockte sie auf einer Zaunlatte oder auf einem Telegrafenpfahl und wartete.
Als wir in die Mitte der Stadt kamen, nahm Erx den geraden Weg über die Dächer. Es machte ihr nicht viel Mühe, als erste auf dem Marktplatz zu sein. Dort hatte man Buden aufgestellt, in denen es blinkerte und blitzte. Überall schaukelten Lampen im Wind, es war fast taghell. Was mich betrifft, ich hätte gern an den Wurstbuden mein Glück versucht, es duftete großartig. Doch ehe ich mich einer nähern konnte, schoß Erx auf einen hellbeleuchteten Tisch herab, wo bunter Christbaumschmuck ausgebreitet lag, Glaskugeln, Lametta, Engelshaar. Die Verkäuferin, eine dürre, rotnäsige Person, schrie laut, als sie den Vogel aus der Finsternis herabfallen sah, mitten unter die gläsernen Kugeln. Dann grapschte sie ihn mit ihren großen, rotgefrorenen Händen.

»Verflixt noch mal!« krächzte Erx. Sie war gefangen.
Die Rotnäsige starrte den Vogel, der sprechen konnte, fassungslos an.
Erx legte den Kopf schräg und sagte: »Ich bin König!«
Das hätte wenig genützt, wenn ich ihr nicht zu Hilfe gekommen wäre. Ich nahm einen Anlauf und sprang der Rotnäsigen gegen den Rock. Die Person kreischte und ließ den Vogel los.
»Ausgezeichnet!« sagte die Elster. Das erste Lob, das sie mir zukommen ließ. Kurz danach standen wir vor Kardorf.
»Da haben wir die Bescherung!« sagte Erx. Die große Eingangstür war verschlossen.
Ich versuchte, an ein Kellerloch heranzukommen, doch Kardorf hat keine Kellerlöcher. Weiß der Kuckuck, wo er seine Kohlen und Kartoffeln aufbewahrt!
»Wir müssen irgendwie ins Haus kommen«, knurrte ich. »Sieh nach, Erx, ob innen die Lichter noch brennen.«
Erx flog an der steinernen Front des Kaufhauses empor und setzte sich auf den Knauf der Fahnenstange. Plötzlich fing sie an, wild mit den Flügeln zu schlagen. Sie wippte, verbeugte sich, schrie.
»Was ist los?« fragte ich. Dabei mußte ich vorsichtig sein, weil ein paar Halbwüchsige neben mir den Vogel beobachteten.
»Die Kinder!« rief Erx. »Ich sehe die Kinder!«
»Wo?«
»Hier oben, in der fünften Etage!«
Erx kennt sich bei Kardorf aus. Sie wird manchmal von Zilla ins Kaufhaus mitgenommen.
»Eine Elster!« schrien die Burschen. »Los, bombardiert sie!« Ein Hagel von Schneebällen sauste gegen die Fahnenstange, doch Erx war längst fort. Sie tauchte unvermittelt neben uns auf und flog krächzend in eine enge Gasse, die an Kardorfs Seitenfront entlangführt.
Ich war ärgerlich, weil ich glaubte, Erx wollte sich davonmachen.

Trotzdem folgte ich ihr durch die Gasse. Erx schwenkte nach rechts. Sie flatterte unter einem Torbogen durch, und jetzt, als sie auf einem der zahlreichen, dort parkenden Autos sich niederließ, wußte ich, was sie vorhatte. Wir befanden uns auf Kardorfs Hofseite. Dort, das wußte Erx genau, war noch eine Tür offen, die von den Verkäuferinnen und Büroleuten benutzt wird.

Es war wirklich eine gute Idee. Wir warteten, bis eins von den Mädchen herauskam. Die Tür blieb einen Spalt offen. Wir schlüpften hinein, die Lampen brannten noch.

Ich fegte im Treppenhaus aufwärts. Als ich zu früh einbiegen wollte, rief Erx, die mit ihren Kenntnissen großtat: »Halt! Nicht in den ersten Stock! Da sind Teppiche und Gardinen!«

Ich rannte weiter. Es müssen sehr viele Stufen gewesen sein. Niemals hätte ich sie zählen können. »Noch höher!« schrie Erx. »In den fünften Stock! Spielwarenabteilung!« Sie flatterte vor mir her und lachte.

Endlich waren wir oben. Rechts in der Ecke brannte eine große, gelbe Lampe. Die Etage war leer. Nichts als Spielzeug: Eisenbahnen, Trekker, Autos. Alles klitzeklein. Und fürchterlich viele Puppen gab es. Mit schwarzen und braunen und gelben Haaren. Gegenüber hockten die Teddybären.

»Guck, wie das glitzert!« sagte Erx. Sie hatte einen Weihnachtsbaum entdeckt, der voll bunter Glaskugeln hing.

»Unsinn«, knurrte ich, »sage mir lieber, wo sie sind!«

»Wer?« fragte Erx.

Ich hätte ihr jetzt gern eine Schwanzfeder ausgerissen, weil sie so vergeßlich war. »Die Kinder. Wer sonst?« Ich schnupperte auf dem glatten Parkett und suchte eine Spur zu entdecken.

»Nicht dort«, sagte Erx, »das ist Damenkonfektion.«

Sie konnte natürlich nicht wissen, daß ich gerade dort Witterung hatte! Ich senkte die Nase noch tiefer und kroch unter die Damenmäntel.

In diesem Augenblick erschraken wir furchtbar. In der Wand, wo die Lampe brannte, hatte sich eine Tür geöffnet. Dort stand eine Frau, in Mantel und Hut. Sie hatte ein gelbes, zerknittertes Gesicht und starrte uns durch ihre Brille sprachlos an.
»Tante Filzschuh«, sagte Erx.
Ich hatte noch nie von Tante Filzschuh gehört.
Die Frau nimmt die Brille ab und wischt sich die Augen. »Pit!« ruft sie entsetzt. Weshalb sie mich für einen Jungen hält, weiß ich nicht.
Erx sagt laut: »Verflixt noch mal!«
Tante Filzschuh starrt den Vogel an, schüttelt den Kopf und ruft: »Zilla!«
Der Vogel legt den Kopf schräg und lacht. Es ist eine verteufelte Situation.
Tante Filzschuh wird böse. »Halt den Schnabel«, sagt sie. »Du hast hier nichts zu suchen. Du gehörst nicht zu Kardorf.«
»Ich bin König!« ruft Erx großartig und fliegt auf die Spitze des Weihnachtsbaumes.
Auf einmal sehe ich Sprenkel, der, einen großen Schlüsselbund in der Hand, hinter den Puppen auftaucht. Ich stutze. Sollte ich Sprenkels Witterung in der Nase gehabt haben? Doch nein, Sprenkel riecht nach Zigarettentabak, und außerdem: Was hat der Liftschaffner bei den Damenmänteln zu tun?
Sprenkel klopft mir das Fell. Es freut ihn offensichtlich, uns hier zu sehen, wenn er auch nicht ahnt, weshalb wir die weite und gefahrvolle Reise gemacht haben. Die olle Tante Filzschuh, die sicherlich mehr weiß als Sprenkel, verrät nichts. Sie hat es eilig. Sie redet vom Theater, winkt mit den Handschuhen und verschwindet.
»Feierabend«, sagt Sprenkel, »ich werde nun auch die Hintertür zuschließen.«
Ich weigere mich mitzukommen.

»Was hat der Hund?« sagt Sprenkel. »Was will er partout bei den Damenmänteln?«
Ich suche ihm zu erklären, daß dort eine Witterung ist. Aber was versteht Sprenkel schon davon? Er sagt, wir müßten ihm folgen. Langsam tappt er mit uns die fünf Stockwerke hinab. Wir stehen wieder in Kardorfs Hof. Alles verloren, denke ich. Sprenkel schließt die Hintertür sorgfältig und trägt den Schlüssel zum Hausmeister, einem kleinen, kraushaarigen Mann, der nach Schnaps riecht.
Während Sprenkel den Schlüssel abgibt, sind wir allein. Es ist nur ein kurzer Moment, ich sage Erx, daß wir jetzt verschwinden müssen.
»Wozu?« fragt sie. »Ich habe Hunger und werde mich von Sprenkel mit nach Hause nehmen lassen.«
»Nicht ohne die Kinder«, erwidere ich.
»Wo sind sie denn?« fragt Erx schnippisch.
»Hier.« Ich zeige auf die verschlossene Tür.
»Unmöglich«, zetert Erx. »Außerdem haben wir keinen Schlüssel.«
»Für einen ordentlichen Hund ist nichts unmöglich«, sage ich und gebe Erx, um sie aufzumuntern, einen kameradschaftlichen Stups.
Sie schielt nach der Wachtstube. Sprenkel macht dem Hausmeister Vorwürfe. Er sagt was von Schnaps. Er spricht sehr laut. Dann schlägt er dem Hausmeister gutmütig auf die Schulter und sagt, er soll sich zusammennehmen. Dann verabschiedet er sich.
»Los«, sage ich, »ehe Sprenkel zurückkommt.«
Erx schlägt mit den Flügeln. »Unausstehlich bist du!«
Ich merke, daß sie mir entwischen will.
»Kommst du endlich?«
Erx schüttelt den Kopf. Doch diesmal gebe ich nicht klein bei. Ich reiße Erx an den Flügeln. Zerre sie über den Hof. Durch die Torfahrt.
»Verflixt noch mal«, zetert Erx.
Damit fängt die nächste Geschichte an.

Die fünfte Geschichte erzählt Erx, die Elster

Heller Stern und schwarze Wolke

Dieser Arko! Wie er unsereinen behandelt! In meine Schwanzfedern hatte er sich verbissen. Soviel ich auch schimpfte und flatterte, Arkos Zähne ließen nicht los. Es muß ein lächerlicher und aufregender Anblick gewesen sein. Selbst die Straßenpassanten, die sonst von einer Elster nicht viel halten, nahmen für mich Partei. »Der arme Vogel!« riefen sie. »Seht doch, der Hund will ihn fressen!«

Einige Beherzte kamen mir zu Hilfe, darunter ein Mann mit langen Haaren und mit einer noch längeren Papprolle, ein Maler vermutlich. Er benutzte die Papprolle als Geschoß, indem er sie gegen Arkos Hinterteil schleuderte.

Arko knurrte nur. Ich hoffte, daß er das Maul auftun würde; dabei wäre ich ihm entwischt. Er hielt aber die Zähne fest aufeinander und stieß mich unentwegt durch die enge Gasse vorwärts. Dort begegneten wir einem mageren, alten Fräulein, das entsetzt zur Seite sprang. Sie erholte sich jedoch rasch und nahm die Verfolgung des »Vogelräubers«, wie sie sagte, auf. Arko bekam den Regenschirm des Fräuleins zu spüren. Wir krochen zwischen ihren Beinen durch, schlugen einen Haken nach links, dann einen nach rechts und landeten in einem finsteren Hauseingang. Dort ließ Arko mich los und sagte, nun wollten wir mal vernünftig reden.

Arko hat gewiß nicht viele gute Eigenschaften, aber wenn er etwas für richtig hält, geht er nicht davon ab, auch wenn es ihn das eigene Fell

kostet. Er blutete ein wenig. »Macht nichts«, brummte er, »sie hat es nicht böse gemeint. Wahrscheinlich ist sie im Tierschutzverein.«
Wir beschlossen, die Kardorfschen Türen im Auge zu behalten. »Irgendwo müssen sie ja rauskommen«, sagte Arko, der sich nicht davon abbringen ließ, Pit und Zilla seien noch im Haus.
»Ich kann mich auf meine Witterung verlassen«, sagte er. »Schade, daß Sprenkel mir nicht Zeit genug ließ. Ich hätte die Kinder gefunden.« Er runzelte die Stirn und blickte mich sorgenvoll an.
Der Wind fegte kalt durch die Straßen und blies ein paar dünne Flokken gegen die hohe, von Scheinwerfern angestrahlte Kardorfsche Hausfront. Am Himmel blitzten die Sterne. Nur wenige Passanten kamen vorbei, in Pelzmützen, Schals und dicke Mäntel gehüllt.
Verflixt noch mal, dachte ich plötzlich und nahm den Kopf aus den Federn. »Arko!« rief ich, »hör mal zu, Arko!«
Arko verzehrte gerade ein Stück Bratwurst, das er neben der Telefonzelle gefunden hatte. »Was ist?« fragte er.
»Denk an die Hoftür, Arko! Wir müssen beide Ausgänge bewachen!«
Arko ließ den Wurstzipfel fallen. »Dummer Vogel!« knurrte er. »Warum hast du das nicht früher gesagt?«
Er sprang aus dem Schatten des Telefonhäuschens. Dabei kläffte er hell und durchdringend. »Das Beste ist, wir trennen uns«, entschied er. »Willst du hierbleiben, am Haupteingang?«
»Nein, ich übernehme lieber das Hoftor«, erwiderte ich. Im Grunde war ich froh, daß ich der Aufsicht des störrischen Köters entging. Wer weiß, welche Abenteuer man auf Kardorfs Rückseite haben konnte!
»Gut«, knurrte Arko, »aber laß dir nicht einfallen, nach Hause zu fliegen. Ich werde dich von Zeit zu Zeit kontrollieren.«
Ohne zu antworten, flatterte ich an der Kardorfschen Hausfront empor. Ich hatte die Absicht, den kürzesten Weg zu nehmen, das heißt, über das Dach.

Arko blickte hinter mir her; so begriffstutzig er sonst war, diesmal schien er die Sache für richtig zu halten. »Gut!« rief er, »gut! Warum fliegst du nicht weiter?«

Tja, ich kam nur bis ans fünfte Stockwerk. Dort entdeckte ich im Vorüberfliegen – na, was wohl? Man hatte einen Christbaum hier oben an der Hausfront befestigt und ihn mit Spielzeug behängt: Glöckchen und Blechtrompeten schaukelten in den Zweigen, neben Puppen, Engeln, Weihnachtsmännern. Das Schönste war der Stern aus goldgelbem, glänzendem Blech. Er hing in der Spitze des Baumes.

Ich setzte mich auf den Stern und blickte nach unten. Da sah ich Arko auf den Hinterpfoten tanzen und entsetzlich bellen. Das tun Hunde nur, wenn sie in größter Erregung sind. Vielleicht kam die Polizei oder noch Schlimmeres.

»Erx!« schrie Arko außer sich. »Erx! Erx!« Er sprang in die Luft, als wollte er zu mir herauf. »Die schwarze Wolke! Siehst du die schwarze Wolke nicht?«

Ich reckte den Hals. Es war keine Wolke am Himmel zu sehen.

»Nicht am Himmel!« schrie Arko. »Am Fenster! Über dem gelben Stern!«

Wahrhaftig, dort war eine Wolke. Schwarz und brandig quoll es hervor. Der Rauch kam aus einem winzigen Klappfenster, das halb geöffnet war.

»Sieh nach, was los ist!« kläffte Arko von unten.

Ich flog zum Klappfenster. Der Raum drinnen war nur spärlich erleuchtet, doch erkannte ich zwei Nähmaschinen und eine große, ausgestopfte Puppe ohne Kopf. Auf dem Tisch lagen Stoffreste und zwei Schneiderscheren. Daneben ein Bügeleisen, mit einer langen Schnur daran. Und rings um das Bügeleisen – »Da haben wir die Bescherung«, sagte ich. Kleine, gelbe Flämmchen züngelten und zuckten über die Tischplatte.

»Es brennt!« rief ich gellend. »Es brennt bei Kardorf in der Nähstube!«
Klagendes Geheul antwortete von der Straße. Arko rannte mit dem Kopf gegen das Telefonhäuschen, als wollte er dort Hilfe holen. Doch Hunde können nicht telefonieren.
»Schnell zur Hofseite!« rief ich. »Alarmiere den Hausmeister!«
Arko starrte verstört nach oben. Endlich hatte er begriffen. Er warf den zottigen Körper herum und verschwand in der Seitengasse.
Ich versuchte, durch das halbgeöffnete Klappfenster in die Nähstube zu kommen, doch es gelang nicht. Ich schlug mit den Flügeln ans Fenster. Plötzlich sah ich, wie innen die Tür zur Nähstube sich öffnete. Ein Lichtschein fiel quer ins Zimmer.
»Zilla!« schrie ich. »Zilla! Pit!«
Ohne Zweifel, es waren die Kinder, die auf der Schwelle zur Nähstube standen, die Gesichter bleich, die Augen groß wie Glaskugeln. Sie rannten kopflos davon.
»Nicht wegrennen!« rief ich am Fenster. Der schwarze Rauch schlug mir ins Gesicht, ich konnte kaum atmen.
Als die Wolke sich verzog, waren die Kinder wieder da. Jedes trug eine Limonadenflasche in der Hand, Zilla eine gelbe, Pit eine rote.
»Brav!« rief ich. »Brav! Geht dem Feuer zu Leibe!«
Die Kinder gossen die schäumende Limonade über Tisch und Bügeleisen.
»Noch mehr!« rief ich. »Noch mehr Limonade!«
Zilla und Pit rannten mit anderen Flaschen herbei. Die Flämmchen duckten sich, standen aber rasch wieder auf.
Da kam Zilla auf einen guten Gedanken. Sie raffte eine Wolldecke vom Stuhl und warf sie auf den Tisch, um das Feuer zu ersticken. Es qualmte. Die Kinder husteten, doch sie drückten die Decke fest gegen die Holzplatte.

»Gut so!« schrie ich. »Das Feuer ist gefangen!«
Der Rauch ließ nach. Diesmal gelang es, durch das Klappfenster einzusteigen. Und was das Tollste war, ich landete mit Arko gleichzeitig im Zimmer! Er stand auf der Schwelle und kläffte. Nach einer Weile erschien auch der Hausmeister – aber nein, das war doch Schubkarrenjakob? Wo kam der her?
Schubkarrenjakob musterte kopfschüttelnd den Tisch und das Bügeleisen, und weil er glaubte, der Brand wäre noch nicht zu Ende, vielleicht auch, weil er selber Feuerwehr spielen wollte, erwischte er einen Eimer voll Wasser, der in der Nähstube neben dem Schrank stand und den die Kinder in ihrer Bestürzung übersehen hatten.
»Schwapp«, sagte Schubkarrenjakob und ließ das Wasser über die Brandstätte rauschen.
»War gar nicht mehr nötig«, knurrte Arko. Doch Schubkarrenjakob blickte sich triumphierend um.
»Wo ist der Hausmeister?« fragte ich.
Arko schüttelte das Fell. Das ist das gleiche, als wenn Menschen den Kopf schütteln.
»Und wie kommst du an Schubkarrenjakob?«
»Der lief mir gerade in den Weg. Mit zwei Christbäumen. Ich rannte gegen sein Knie und kläffte, bis er die schwarze Wolke entdeckte. Da ließ er die Christbäume fallen, er stolperte hinter mir her in Kardorfs Hof.«
»In die Wachtstube?«
»Ja, in die Wachtstube. Schubkarrenjakob riß die Tür auf und rief: ›Hausmeister! Hausmeister!‹«
»Und der? Kam er angerannt?« »Keine Spur.«
»Nicht? Er blieb sitzen?«
»War gar nicht vorhanden, der Hausmeister. Kein Knöchelchen von ihm. Nur die Mütze.«

»Wo war er?«
»Schnapstrinken, wahrscheinlich.«
»So ein pflichtvergessener Mensch!«
»Zum Glück«, sagte Arko, »hatte er das Schlüsselbrett hängenlassen.«
»Richtig, der Schlüssel zum Hoftor. Fandet ihr ihn?«
»Nicht gleich. Da sind viele Schlüssel. Und jeder Schlüssel hat ein kleines Schild, mit Namen drauf. Schubkarrenjakob mußte lange buchstabieren. Zuletzt hatte er den richtigen Schlüssel.«
»Seid ihr mit dem Lift gefahren?«
»Wo denkst du hin? Immer die Stufen hoch. Bis in die fünfte Etage.«
»Verflixt noch mal«, sagte ich.
Indessen hatte Schubkarrenjakob den Geschäftsleiter angerufen. Das Telefon war nebenan, im Büro. Schubkarrenjakob war sehr stolz und marschierte wie ein Polizist in der Nähstube auf und ab. Dabei strich er den Schnurrbart und verhörte die Kinder.
»Wie kommt ihr hier herein?« fragte er streng.
Zilla senkte den Kopf und sagte: »Durch die Tür.«
»Das versteht sich«, raunzte Schubkarrenjakob. »Aber die Türen waren doch alle zugeschlossen.«
»Wir sind schon vorher drin gewesen«, gestand Zilla.
»Wir haben uns versteckt«, sagte Pit.
»Versteckt? Donnerwetter noch mal! Wo denn?«
Pit zeigte auf die Damenmäntel, und Arko sagte, das hätte er gleich gewußt, doch Schubkarrenjakob drohte ihm mit der Faust. »Was wolltet ihr nachts bei Kardorf, he?«
Die Kinder schwiegen.
»Na, wird's bald?« Schubkarrenjakob machte große, funkelnde Augen.
»Die Krippenmänner anschauen«, sagte Pit kleinlaut.

»Krippenmänner?« Schubkarrenjakob blickte sich drohend um.
»Das sind doch keine richtigen Männer«, erklärte Pit. »Man kauft sie und stellt sie unter den Weihnachtsbaum.«
Schubkarrenjakob tat, als hätte er das längst gewußt. Er warf sich in Positur und fragte: »Na, und wo sind sie? Ich sehe keine. Haben sich die etwa auch versteckt?«
»Wir sehen sie auch nicht«, sagte Zilla.
Schubkarrenjakob schnaufte. Wollte man ihn vielleicht zum Narren halten?
»Sie sind sicher schon verkauft«, sagte Pit. Ich glaube, er war dicht am Weinen, doch Zilla gab ihm einen Knuff, da schluckte er nur.
Schubkarrenjakob lachte höhnisch. »Also, ihr wolltet etwas anschauen, was gar nicht da ist. Und ihr meint, das glaube ich euch?« Seine Augen wurden noch kugeliger, der dicke, rote Schnurrbart sträubte sich. Er trat so nah an die Kinder heran, daß sein Atem wie ein scharfer Wind über ihre Köpfe fuhr. »Dummheiten habt ihr gemacht in der Nähstube! Mit dem Bügeleisen gespielt! Kardorf in Brand gesteckt!« Seine rostige Stimme hallte durch die leeren Etagen. Er stemmte die Fäuste in die Seiten und funkelte die Übeltäter an. »Na, wartet!«
In diesem Augenblick hörten wir Schritte auf der Treppe und ein atemloses Keuchen.
»Tante Filzschuh!« rief Zilla gellend und warf sich an Schubkarrenjakob vorbei der Keuchenden an die Brust.
Jawohl, es war Tante Filzschuh, in Mantel und Hut und Schal. Sie starrte auf die Unordnung in der Nähstube, auf die verkohlten Deckenfetzen, auf die Wasserlachen und Spritzer, zuletzt auf das Bügeleisen.
»Gott sei Dank«, sagte sie aufatmend, schloß die Augen und öffnete sie wieder.

Dann erklärte sie Schubkarrenjakob, daß es ihr keine Ruhe gelassen habe im Theater. »Ich konnte kaum achtgeben. Stets sah ich die Schauspieler mit dem Bügeleisen hantieren. Du wirst doch nicht, dachte ich. Und die Katze auf dem heißen Blechdach interessierte mich keinen Augenblick ...«

»Was für eine Katze?« fragte Schubkarrenjakob.

»Das ist doch das Theaterstück.« Tante Filzschuh seufzte. Sie drehte an ihren Handschuhen. »Ich habe es geahnt«, sagte sie. »Schließlich wurde mir selber heiß. Ich wartete den Aktschluß nicht ab – Gott, wie froh bin ich, daß nichts Schlimmeres passiert ist!«

»Also Sie waren das?« fragte Schubkarrenjakob. Er zeigte auf das Bügeleisen. Dann strich er den Schnurrbart und blickte Tante Filzschuh streng an. Der wahre Sachverhalt dämmerte ihm.

»Ja, ich!« gestand Tante Filzschuh. »Und wer hat das Feuer gelöscht?«

Schubkarrenjakob richtete ohne ein Wort den Zeigefinger gegen Zilla, dann gegen Pit.

Tante Filzschuh war außer sich vor Freude und Dankbarkeit. Sie stürzte sich auf die Kinder und umarmte sie, erst Pit, dann Zilla, dann beide zugleich. Endlich zog sie ihr Taschentuch und fuhr sich über die Augen. »Womit habt ihr denn gelöscht, ihr Goldengel?«

»Mit Limonade«, sagte Pit.

Da lachten alle, auch Schubkarrenjakob und Tante Filzschuh.

Zum Schluß kam Herr Nottebohm, der Geschäftsleiter. Er verhörte einen nach dem anderen, am längsten die Kinder.

Als er von den Krippenmännern erfuhr, sagte er: »Man müßte ihnen einen Ehrenplatz einräumen. Sie haben gewissermaßen das Kaufhaus gerettet. Wo sind sie eigentlich?«

»Verkauft«, sagte Tante Filzschuh kleinlaut.

»Noch welche am Lager?« erkundigte sich Nottebohm.

Tante Filzschuh zuckte die Achseln. Dann mußte sie erneut weinen.

»Na, na«, sagte Nottebohm, »das Schlimmste ist ja verhütet. Ich denke, die Kinder dürfen sich jetzt etwas wünschen.«

Zilla und Pit blickten sich ratlos an.

»Mein Ernst«, sagte Herr Nottebohm.

Zilla hob den Kopf. Sie hätte am liebsten eine große Puppe, mit Mamastimme und Schlafaugen.

»Sollst du haben«, sagte Herr Nottebohm und ließ Zillas Pferdeschwanz wippen. »Wie alt bist du?«

»Elf«, sagte Zilla, »aber ich spiele noch sehr gern mit Puppen.«

Herr Nottebohm lachte. Dabei guckte er auf die goldene Uhr, die er am Handgelenk trug. »Und du, mein Junge?«

Pit schluckte. Sollte er ihn sagen, seinen liebsten Wunsch?

Herr Nottebohm betrachtete den Jungen aufmerksam. Plötzlich legte er Pit die Hand an die Stirn. »Du hast ja Fieber, Bub! Bist du krank?«

»Ein bißchen«, nickte Pit.

»Vorwärts«, befahl Herr Nottebohm, »ich fahre euch nach Hause!« Er faßte den Jungen am Kinn. »Und einen Wunsch hast du nicht?«

»Doch«, sagte Pit.

»Kann man ihn wissen?«

»Der Großvater«, stotterte Pit, »der Großvater . . .«

»Was ist mit ihm?«

»Er sagt immer: Bei Kardorf müßte man sein. Die bezahlen ihre Leute . . .«

»Hat er keine Arbeit?«

»Nein. Er macht Besen.«

»So, so.« Das war beinahe alles, was Herr Nottebohm sagte. Er stand wortlos da und rieb das Kinn. »Schwierig«, sagte er noch.

Arko, der sich bis dahin bei den Damenmänteln aufgehalten hatte, kam jetzt näher und rieb das Fell an Nottebohms Hosenbein. »Und wir?« knurrte er, »haben wir keine Belohnung verdient?«

Herr Nottebohm verstand natürlich nicht, was Arko wollte. Er säuberte das Hosenbein von Arkos Haaren und sagte ungnädig: »Wo kommt der Hund her?« Gleich darauf rief er: »Und dort sitzt ja ein Vogel!« Damit meinte er mich. »Frau Schuh, wissen Sie, wer die Krähe und den Köter hereingelassen hat?«

Daß Herr Nottebohm mich für eine Krähe hielt, ist nicht verwunderlich. Doch daß er Arko einen Köter nannte, das nahm ich ihm übel. Ich breitete die Flügel aus, damit er die weißen Bänder auf meinen Fittichen deutlich sehen sollte, und flog kurzerhand auf seinen Kopf. Herr Nottebohm wollte mich festhalten, doch ich flatterte schnell auf die Gardinenstange und rief: »Ich bin König!«

Zilla lachte, weil Herrn Nottebohms Brille beinahe herabfiel und weil der Geschäftsführer ein so verdattertes Gesicht machte. Sie sagte: »Das ist keine Krähe. Das ist eine Elster. Die gehört uns.«

»So, so«, sagte Nottebohm und brachte Brille und Scheitel wieder in Ordnung. »Und der Hund?«

»Das ist unser Hund«, sagte Pit. »Er heißt Arko.«

»Und wenn diese beiden uns nicht zu Hilfe gekommen wären«, sagte Zilla, »wir hätten es nicht geschafft.«

»Was?« fragte Nottebohm, der immer häufiger auf sein Handgelenk schaute.

»Das Feuerlöschen«, sagte Zilla.

Schubkarrenjakob nickte, das könne er bestätigen. Er berichtete, wie er den Hund auf der Straße getroffen hätte und wie er durch ihn auf den Brand aufmerksam geworden sei. Er verschwieg auch die Sache mit der Wachtstube und dem Schlüssel nicht.

»Wie«, rief Herr Nottebohm, »schon wieder nicht auf dem Posten?« Damit meinte er den Hausmeister. Er zog ein Notizbuch aus der Tasche und schrieb ein paar Krickelkrakel hinein. »Jetzt aber Schluß!« sagte er und blickte uns ingrimmig der Reihe nach an.

Schubkarrenjakob machte eine kurze Verbeugung, wie er es jedesmal tut, wenn er mit besseren Herrschaften zu tun hat.
Auf dem Hof überzeugte Herr Nottebohm sich selber, daß die Wachtstube leer und nicht mal verschlossen war. Er bekam einen roten Kopf, fast so wie Pit. »Donnerwetter«, schrie er, »man kann ja das ganze Kaufhaus forttragen!« Er klopfte auf den Tisch, doch das nützte auch nichts.
Von Belohnung war nicht mehr die Rede. Wir wurden allesamt in Nottebohms Auto verfrachtet, außer Schubkarrenjakob, der noch Christbäume auszutragen hatte, und Tante Filzschuh, die Herrn Nottebohm schluchzend um Verzeihung bat und sagte, sie wolle den Schaden ersetzen. »Schon gut«, sagte Nottebohm und fuhr uns nach Hause.
Ich saß neben ihm und zeigte ab und an die weißen Fittichbänder, damit er lernt, eine Elster von einer Krähe zu unterscheiden.
»Noch weiter?« fragte Nottebohm.
»Jawohl, bis ans Ende der Welt!« rief Pit. Dann sagte er, das Frühstück hätte er umsonst mitgenommen. »Schade.«
»Iß doch«, sagte Zilla.
»Keinen Appetit.« Pit seufzte. »Und Kopfschmerzen habe ich auch.«
Damit fängt die nächste Geschichte an.

Die sechste Geschichte erzählt Herr Sprenkel

Gewürz für Pfefferkuchen

Nicht Pit allein hatte Kopfschmerzen an diesem Abend. Wir alle sorgten uns, und was mich betrifft, ich machte mir Vorwürfe. Wie konnte ich nach Hause fahren, ohne die Spur der Kinder zu verfolgen? Allerdings, ich war bei Kardorf nur dem Hund und der Elster begegnet, aber mußte ich nicht stutzig werden, als Tante Filzschuh mir sagte, die Kinder hätten sich in der Etage versteckt? Offen gestanden, ich begriff Tante Filzschuh nicht und dachte, sie hätte sich einen Spaß erlaubt.
Ich übergab dem Hausmeister den Schlüsselbund, wie ich es jeden Abend pflichtgemäß tue. Der Hausmeister löst mich ab, er hat Nachtwache. Ich erinnere mich genau, daß ich mich über den Kerl ärgerte, weil er nach Schnaps roch. Das geht nicht gut, dachte ich. Das kann ein Malheur geben, wenn Nottebohm diesen leichtsinnigen Burschen nicht bald entläßt.
Obendrein funktionierte die Fahrradlampe nicht. Ich mußte den Draht nachsehen und den Kontakt erneuern. Darüber vergaß ich die Begegnung im fünften Stock. Erst als ich über den Marktplatz fuhr, kamen mir Hund und Vogel wieder in den Sinn. Verflixt noch mal, dachte ich, wo sind die beiden Ausreißer? Weshalb haben sie sich aus dem Staub gemacht?
Jetzt hätte ich kehrtmachen müssen. Doch es begann wieder zu schneien, ich war hungrig und müde. Acht Stunden Lift, das ist kein Spaß, zumal jetzt – vor Weihnachten – nicht. Sie werden längst zu

Hause sein, dachte ich. Arko nimmt es mit jedem Fahrrad auf, und Erx fliegt schneller als der Stadtbus.
»Wo ist Zilla?« fragte Marie, die mit aufgekrempelten Ärmeln den Pfefferkuchenteig rührte. Ihr Gesicht war rot. Sie blickte kaum über die Schulter. »Ich brauche Nelken und Muskatnuß!«
Ich schwieg, zog die Hausschuhe an und setzte mich mit der Zeitung neben den Ofen.
Die Frau hörte nicht auf, nach Zilla zu rufen.
»Zum Kuckuck«, sagte ich, »ist denn sonst niemand da?«
»Niemand«, entgegnete Marie mürrisch, »immer ist man allein, wenn man Pfefferkuchen bäckt. Nicht mal die Elster hält es für nötig, nach Hause zu kommen.«
Was sollte ich tun? Ich zog die Schuhe wieder an und ging zum Kaufmann Budensiek, um Gewürze zu holen. Ohne Nelken und Muskatnuß gibt es nun mal keine richtigen Pfefferkuchen. Natürlich mußte ich noch Zahnpasta mitbringen und Persil und eine Rolle Käse und eine Büchse Hering in Tomatensoße.
»Alles in die Pfefferkuchen?« fragte ich.
»Nein, weil du einmal unterwegs bist«, sagte die Frau.
An anderen Tagen hätte ich mich erbost, doch heute kam mir der Auftrag gelegen. Ich fand sowieso keine Ruhe hinter der Zeitung und dachte: kannst mal die Straße entlang gucken, ob da etwas zu sehen ist.
»Bring noch ein Päckchen Hefe mit!« rief Marie mir nach.
Ich kaufte und stand eine halbe Stunde lang an Budensieks Ecke. Nichts zu sehen. Vom Kirchhügel hörte ich das Gelärm der schlittenfahrenden Kinder. Einmal sah ich sogar den Lieferwagen von Kardorf, der die Aufschrift trägt: Weihnachtseinkauf gut und billig. Er preschte vorüber, die Schrift machte mir Unbehagen.
Dann kaufte ich Hefe bei Rockstroh. »Ein Päckchen, jawohl.«

Rockstrohs dickes Gesicht glänzte. Er schob die Hefe herüber und sagte: »Na, Besuch gehabt?«
»Nein«, sagte ich, »nicht, daß ich wüßte.«
»Ich meine, bei Kardorf.«
»Ach so«, sagte ich. »Das Viehzeug ist unberechenbar. Man ist nie vor Überraschungen sicher.«
»Viehzeug?« fragte Rockstroh.
»Klar, der Hund und die Elster. Die haben mich doch bei Kardorf besucht.«
Rockstrohs Augen wurden noch größer. »Soviel ich weiß«, sagte er langsam, »ist das weder ein Hund noch ein Vogel gewesen.«
»Na, na. Von wem reden Sie denn?«
»Von den beiden, die ich im Auto mitnahm. Heute abend, kurz vor sechs.«
»Richtung Stadt?«
»Allerdings.« Und seiner Schätzung nach müßten das Zilla und Pit gewesen sein, niemand sonst.
»Wollten die auch zu Kardorf?«
»Soviel ich weiß, ja. Es war von Krippenmännern die Rede.«
Ich wurde noch unruhiger. An Rockstrohs Auskunft war nicht zu zweifeln. Ich blieb auf der dunklen Straße stehen und lauschte. Ich hörte jedoch nur mein Herz klopfen. Dann ging ich langsam nach Hause.
»Wo bleibst du, Mann?« rief Marie ärgerlich. »Rasch! Die Gewürze! Solltest sie doch nicht bei Kardorf holen!« Sonst war Marie die ängstlichere von uns beiden, doch jetzt schien sie nicht zu merken, daß es bereits sieben schlug und daß es draußen stockfinster war.
»Kann sein«, sagte ich undeutlich, »daß ich jetzt gleich noch mal zu Kardorf muß.«
»Hast du Nachtdienst?«

»Nein.«
»Dann laß Kardorf in Ruhe. Und ich will endlich mit meiner Backerei fertig werden.«
Sie schob mich zur Küche hinaus und knipste den elektrischen Herd an.
Ich stand unschlüssig im Flur. Was sollte ich tun? Die Polizei anrufen? Oder den Geschäftsführer? Plötzlich hatte ich eine Idee: Erst mal ans Ende der Welt, dachte ich, zu Großvater Thies. Vielleicht sitzen sie dort gemütlich beisammen, während ich mir unnötig Sorgen mache.
Ich nahm das Fahrrad und fuhr los. Weit ist es keineswegs ans Ende der Welt, doch vielleicht mußte ich ja noch zu Kardorf, dort nachsehen.
Die Flocken rieselten dünn. Es roch nach Schnee, und so still war es, daß man zu anderer Zeit gewiß seinen Spaß daran gehabt hätte. Jetzt war mir der Schnee gleichgültig, ebenso die Sterne, die mehr und mehr den dünnen Flockenschleier durchblitzten. Ich starrte geradeaus, ob ich Licht in der Baracke sähe. Oft sitzen sie in der Küche, auf der Hofseite.
Ich stapfte rings um das Haus. Alles duster. Kein Laut, kein Hundegekläff. Großvater Thies war nicht daheim. Niemand.
Ich kehrte um, den Kopf voll düsterer Gedanken. Bei der großen Kopfweide blieb ich stehen. Was war das? Scheinwerfer blitzten. Sie schnitten einen langen, zitternden Streifen aus der Finsternis.
Das Auto hielt, ich erkannte es gleich: Herrn Nottebohms Wagen! Noch bevor der Schlag sich öffnete, hörte ich dumpfes Hundegekläff und helles Vogelkreischen – da waren sie also, die Ausreißer!
»Vater!« schrie Zilla und sprang mir um den Hals.
Arko stieß den Kopf gegen meine Knie, und Erx, die wie ein Schatten auf meiner Schulter saß, rief in einem fort: »Da haben wir die Bescherung!« Als hätten wir uns lange nicht gesehen.

»Guten Abend, Herr Sprenkel«, sagte eine tiefe männliche Stimme, die ich kannte.
Pardon, der Geschäftsführer! Herr Nottebohm persönlich! Er sagte, daß er es leider eilig habe, und daß die Kinder mir alles, was sich bei Kardorf ereignet habe, auseinandersetzen würden. Im übrigen sollte ich am nächsten Tag in sein Büro kommen. »Da besprechen wir das Weitere«, sagte Herr Nottebohm und brannte sich eine Zigarette an.
»Wo ist Pit?« fragte ich.
»Ach so, der Pit.« Nottebohm blickte sich um und blies grauen Rauch in das Scheinwerferlicht.
Wir gingen zum Wagen. Pit saß gegen das Polster gelehnt und schlief. Schweißtropfen glänzten auf seiner Stirn. »Pit ist krank«, sagte Nottebohm. »Bringen Sie ihn zu Bett und holen Sie den Arzt.«
Ich hob den Jungen vorsichtig aus dem Wagen. Nottebohm setzte sich ans Steuer, schlug die Tür zu, winkte, der Motor hustete und begann zu brummen. »Also, auf morgen!« rief Nottebohm, winkte noch mal und fuhr los. Vielbeschäftigte Leute, das!
»Den Arzt hätte er wenigstens holen können«, sagte Zilla.
Zum Glück wußte das Mädchen, wo Großvater Thies gewöhnlich den Schlüssel versteckte. Als ich Pit ins Bett packte, schlug er die Augen auf und redete dummes Zeug.
»Was hat der Junge?« fragte ich. »Was will er von Tante Filzschuh?«
»Das verstehst du nicht«, sagte Zilla, »das muß ich dir erklären.«
»Na, denn los!« fuhr ich sie an. Lange genug hatte ich auf eine Erklärung gewartet.
»Moment«, sagte Zilla, »so schnell geht das nicht. Erst Feuer anmachen. Jedenfalls haben wir Kardorf gerettet.« Sie bückte sich zum Ofen und hielt ein Streichholz in die schwarze, kalte Öffnung.
»Gerettet?« Ich musterte das Mädchen. Sie hatte auch sonst eine großartige Phantasie.

»Klar«, sagte Zilla und warf den Pferdeschwanz nach hinten, »ohne uns wäre Kardorf verloren. Futsch, das ganze Kaufhaus.«
»Na, na«, sagte ich. »Dann hätte ich ja stempeln gehen müssen.«
»Jawohl, das hättest du. Mit Tante Filzschuh zusammen. Und alle Verkäuferinnen und Verkäufer. Sogar der hochnäsige Herr Nottebohm.« Zilla blies in die Flamme, daß es zischte.
»Was hast du bloß mit Nottebohm? War doch nett von ihm, daß er euch nach Hause gebracht hat.«
»Na, das war ja wohl das mindeste.«
»Dummes Gör!«
Da regte der Junge sich wieder. »Er faselt von einem Hirten«, sagte ich. »Seid ihr denn einem Hirten begegnet?«
»Nein, das ist ein Krippenmann.«
»Oben? Bei Tante Filzschuh?«
Zilla nickte. »Pit hätte sich am liebsten die Krippenmänner gewünscht, das weiß ich. Den Hirten, den König, den Soldaten, den Wirt von Betlehem und den Räuber.«
»Einen Räuber auch?«
»Das verstehst du nicht«, sagte Zilla. »Das muß ich dir doch erst erklären.« Sie sprang auf und rannte zur Tür.
»Wohin willst du?«
»Den Arzt holen!«
Der Arzt kam. Pit hielt ihn für Schubkarrenjakob und sagte, er würde ihm jetzt helfen, Christbäume austragen.
»Nein, nein«, erwiderte der Arzt, »bleib nur hübsch im Bett und warte, bis du gesund bist. Sechs oder sieben Tage.«
»Dann ist genau Weihnachten«, sagte Zilla.
Der Arzt nickte und gab dem Jungen eine Spritze.
Großvater Thies erschrak, als er nach Hause kam. Er beugte sich über das Bett. »Pit«, sagte er leise. Der Bart war feucht von Schnee.

»Na, wie war's mit dem Handel?« fragte ich, um den Alten abzulenken. Ich merkte, daß er sich Vorwürfe machte.
Thies ließ den Kopf noch tiefer sinken. »Niemand braucht Besen heutzutage. Nicht mal der Kaufmann Budensiek.« Sein Gesicht war grau und faltig. Hunger hätte er nicht, sagte er. Ich glaube, er wollte uns nur nicht sehen lassen, was er aß.
Dann aß Großvater Thies aber doch. Marie schickte einen Teller mit Wurstbroten herüber und eine Kanne Tee. Wir saßen um den Tisch, Zilla erzählte.
»Verflixt noch mal«, sagte die Elster von Zeit zu Zeit.
Ich schüttelte den Kopf. Großvater Thies vergaß Essen und Trinken. So aufregend war die Geschichte, die Zilla erzählte! Nur Arko lag neben dem Ofen und schlief. »Hat er auch verdient«, sagte das Mädchen, »wo er doch das Kaufhaus gerettet hat.« Zuletzt schimpfte Zilla wieder auf Herrn Nottebohm.
»Laß man«, sagte ich, »die Puppe wirst du schon kriegen.«
»Aber mich freut sie gar nicht«, sagte Zilla.
»Warum nicht?«
»Weil Pit krank ist.« Sie schluckte ein paarmal, »und weil Herr Nottebohm gar nicht weiß, was Pit sich wünscht . . .«
»Ich denke, Pit hat es ihm gesagt?«
»Ja, das mit dem Großvater. Daraus wird ja doch nichts. Und wir sind ganz umsonst bei Kardorf gewesen.« Plötzlich heulte das Gör los, riß die Tür auf und rannte davon. Die Elster flatterte kreischend hinter ihr her.
Großvater Thies lächelte. »Kinder«, sagte er. Ich sah noch, wie er den Stuhl nahm und sich neben das Bett setzte.
Am nächsten Tag ließ Nottebohm mich rufen, und wir hatten eine längere Unterredung. Er fragte nach den Verhältnissen in der Baracke. Irgend etwas schien ihm Schwierigkeiten zu machen. Er krick-

selte kleine Pferdchen auf den Block, dann Reiserbesen. »Wollen sehen«, sagte er. Das war alles.

Aber was meint ihr? Kurz vor Feierabend kommt Tante Filzschuh in meine Kabine. »Na, auch mal mitfahren, Tante Filzschuh?« frage ich. Sie nimmt mir den Spitznamen nicht übel.

»Nur los«, sagt sie. Wir schweben in den sechsten und siebten Stock. Tante Filzschuh hat rote, verweinte Augen und nestelt an ihrer großen, schwarzen Handtasche. Alle reden davon, wie leicht es ein Unglück gegeben hätte. Tante Filzschuh wird auch nie wieder eine Bluse bei Kardorf bügeln. Nee, lieber ein bißchen zerknittert ins Theater.

»Wollten Sie nicht aussteigen?«

»Nein«, sagt Tante Filzschuh. »Wollte Sie nur sprechen.« Sie drückt mir ein Päckchen in die Hand. Es ist in Seidenpapier gewickelt, mit goldenen Sternchen. »Für Pit«, sagt sie. »Bitte. Seien Sie so gut.«

»Fünfter Stock?« frage ich.

Tante Filzschuh nickt. »Da bin ich doch zu Hause. Abteilung Spielwaren.«

Ich halte und öffne die Tür. »Wann habe ich wieder das Vergnügen?«

»Morgen«, sagt Tante Filzschuh, trübe lächelnd, und verschwindet hinter dem großen, lamettaglitzernden Weihnachtsbaum.

Na, den Pit hättet ihr sehen sollen! Das Seidenpapier mit den goldenen Sternchen lag auf dem Fußboden. Arko machte mit den Zähnen Konfetti daraus. Und neben dem Bett war ein Stuhl. Und auf dem Stuhl stand – ja, was wohl? Das Ding war nicht viel größer als meine Hand, doch es hatte einen Helm auf, dazu einen Brustpanzer und Beinschienen. An den Fäusten trug es rote Handschuhe.

»Ist das ein Krippenmann?« fragte ich erstaunt.

Pit nickte. »Der Soldat des Kaisers Augustus.« Pit war sehr stolz und wendete kein Auge von Tante Filzschuhs Geschenk.

Spätabends ging ich noch mal hinüber in die Baracke. Ich brachte ihm ein paar frischgebackene, gutgewürzte Pfefferkuchen. Der Junge hatte große, glänzende Augen. »Fiebert er?« fragte ich und wollte ihm die Stirn fühlen. Doch Großvater Thies legte die Finger auf den Mund. »Pst!« sagte er.

Ich blieb stehen mit meinem Teller voll Pfefferkuchen. »Was ist mit Pit?«

»Ich glaube«, sagte der Großvater, »der Soldat erzählt ihm gerade eine Geschichte . . .«

Die siebte Geschichte erzählt der Soldat des Kaisers

Die roten Handschuhe

Die Handschuhe hat mir die Mutter gestrickt. Meine alte Mutter in Pinus Alba, das ist ein Dorf in den Bergen. Schöne weiße Straßen hat unser Dorf, und Häuser, die mit Seggengras gedeckt sind. Dazu winzige, aus Feldsteinen gebaute Ställe. Der Viehbestand ist gering, der Acker mager. Deshalb bleiben nur wenige Burschen, wenn sie erwachsen sind, in Pinus Alba. Wer das kärgliche Leben nicht liebt, wandert fort in die Hafenstädte, oder nach Rom, oder zu den Soldaten. Im Frühjahr, wenn die Bergrosen blühen, nehmen sie Abschied.

»Wozu Handschuhe?« sagte ich. »Soldaten sind abgehärtet. Sie frieren nicht.«

Die Mutter antwortete: »Es wird Sommer und Herbst werden. Danach wird es schneien, und der Frost ist doppelt hart in der Fremde.«

»Leb wohl«, sagte ich und steckte die Handschuhe achtlos an den Gürtel. Später verbarg ich sie in meiner Felltasche. Wir kämpften in der afrikanischen Wüste, vor Lesbos und bei Samarkand, niemals brauchte ich Handschuhe. Doch ich konnte mich von ihnen nicht trennen, weil meine Mutter sie selber gestrickt hatte und weil ich wußte, daß man die rote, purpurne Farbe besonders liebt in dem Dorf, in dem ich geboren bin.

Der Zenturio schätzt die Farbe weniger. »Mensch«, sagt er verächtlich, »du mit deinen knallroten Handschuhen! Richtige Soldatenhandschuhe«, sagt er, »sind grau, aus hartem Stoff. Was glaubst du, wenn der Kaiser Augustus zur Inspektion kommt! Auslachen wird er dich! Oder einsperren! Drei Tage Arrest, mein Lieber!«

Tatsächlich, die Handschuhe waren mir ärgerlich, und vielleicht hätte ich die Geschichte, die ich erzählen will, niemals erlebt, wenn nicht plötzlich der Schnee gekommen wäre, kniehoher Schnee, wie selbst alte Veteranen aus dem gallischen Gebirge ihn nicht erlebt hatten. Über Nacht kam er, der Schnee, und die Kälte, und dieser schauderhafte Wind, der über die kahlen Höhen fährt und dem Soldaten, der Wache hat, mitten ins Gesicht schlägt.

Da holte ich die Handschuhe hervor und zog sie an. Was kümmerte es mich, daß sie rot waren und aus Schafwolle gestrickt! Der Kaiser hatte natürlich vergessen, uns andere Handschuhe zu schicken, wie der Zenturio sie für richtig hielt. Doch der Winter kam trotzdem, gegen alle Voraussage, wie vieles, was in dieser Geschichte berichtet wird.

Sie fing damit an, daß ich die Handschuhe verlor. Irgendwo in der Einöde über Betlehem, wo die Bauern in niederen Lehmhäusern wohnen und nachts die Feuer der Schafhirten leuchten. Wir hatten erst seit kurzem Posten bezogen in diesem elenden Nest, von dem die Eingeborenen behaupten, es sei eine alte, berühmte Königsstadt. Ha, ha, Königsstadt! Die sollten mal nach Antiochien kommen und Alexandria! Oder ich wollte sie über den Marktplatz in Rom führen, um ihre verdutzten Gesichter und ihre offenen Mäuler zu sehen. Ein störrisches Volk von kleinen Handwerkern, Händlern und Maisbauern! Dabei ruhmsüchtig und stolz. Behaupten sie nicht allen Ernstes, der Retter der Welt solle in Betlehem geboren werden? »Wann?« fragte ich den Eseltreiber, der gerade mit seinem Tier an der Wachtstube vorbeitrottete, »heute etwa? Oder morgen?« – »Das kann jeden Tag geschehen«, antwortete er geheimnisvoll. Sein ledernes Gesicht war noch spitzer als sonst. Der Esel hob den Kopf und schrie in die Dämmerung. »Mach, daß du weiterkommst!« fuhr ich den Mann an, und wir lachten hinter ihm her.

Das war vielleicht nicht ganz in Ordnung, aber wir waren allesamt auf dieses Betlehem nicht gut zu sprechen. Die vom Kaiser angeordnete Zählung machte viele Umstände, weil das Volk heimlich sich sträubte und tuschelte, das wäre gegen Gottes Gebot. Obendrein wurde es kalt, und dann vermißte ich die Handschuhe, ich sagte es schon.

Natürlich waren sie gestohlen, was sonst? Ich beschuldigte Quintus Sextus, der eigentlich Stoffel heißt, oder so ähnlich. Er ist hellhaarig wie Flachs und stammt aus der finstersten Gegend hinter dem Rheinstrom, ein richtiger germanischer Bär. Er gilt als guter Soldat, doch zählen kann er nur bis fünf oder sechs. Deshalb haben wir ihn Quintus Sextus genannt, was – wie man weiß – in unserer Sprache der Fünfte Sechste heißt.

»Quintus Sextus«, sagte ich, »wo hast du meine Handschuhe?«

Der Kerl stotterte und wurde rot auf der weißhäutigen Stirn, fast so rot, wie die Handschuhe gewesen waren.

Die anderen mischten sich ein, ich solle den Bären in Ruhe lassen. Solle doch froh sein, riefen sie, daß sie endlich weg wären, diese lächerlichen, gestrickten Dinger.

Aber nein, Verlorenes liebt man am meisten. Ich knurrte und fing Streit an mit jedem, der mir vor die Füße kam. Es wurde knitterkalt draußen, das Feuer bullerte, und es war böse Luft in der Wachtstube.

Da ging die Tür auf, ganz von selbst; so kam es mir wenigstens vor. Ein Mann trat auf die Schwelle, graubärtig, im langen Mantel aus Ziegenfell. In der Rechten hielt er den Stab, in der anderen Hand eine Laterne, deren Licht erbärmlich flackte. Auf dem Rücken trug er ein gerolltes Bündel, wie es in jenem Land, das zur Zeit viele unstete Leute hat, Brauch ist. Was aber das Tollste war: Der Mann trug meine roten Handschuhe!

Ich hörte, wie er nach einer Herberge fragte. Da stieß ich die Kameraden zur Seite und stellte mich breitbeinig vor den Alten. Fast wäre ich ihm in den Bart gefahren, so packte mich der Zorn. Ich schrie, daß er die Handschuhe gestohlen habe, verdammt noch mal, oder besitze er etwa auch eine alte Mutter, die ihm solche Fäustlinge stricke, aus purpurner, gefärbter Wolle? Der Alte versuchte zu lächeln. »Nein«, sagte er, »eine Mutter nicht. Aber eine junge Frau habe ich, die kann stricken.« Womöglich war er gar stolz darauf, eine junge, hübsche Frau zu besitzen. Die Leute in der Wachtstube lachten, und Canis, der spitznäsige Kerl, machte eine unflätige Bemerkung, so daß Quintus Sextus vom Schemel aufsprang und sich schützend vor den Alten stellte.

»Nein«, sagte Quintus Sextus, »Herberge gibt es hier nicht«, der Alte möge es drüben im »Fünfzackigen Stern« versuchen, oder eine Straße weiter im »Nieversiegenden Brunnen«. Dabei rührte er an seine Schulter, um ihm zu bedeuten, daß er sich vor des Kaisers Soldaten nicht fürchten solle.

Der Alte lächelte noch immer. Er streifte die Handschuhe ab. Hätte sie im Schnee gefunden, murmelte er leise. Er wünschte uns eine gute, gesegnete Nacht und ging.

Noch am selben Abend hatten wir eine Feldübung. Von den nahen Berghängen heulten die Wölfe. Winzig kleine Flocken wirbelten wie Glassplitter durch die Luft. Das Eis krachte in den Pfützen.

Da es finster war und nachts alle Katzen grau sind, zog ich die Handschuhe an, aber zum Teufel, sie wärmten nicht, so sehr ich sie auch gegeneinander schlug. Nein, eiskalt wurden die Hände in der roten Wolle, als hätte ich sie in den Schnee gesteckt.

»Komm«, sagte ich zu Quintus Sextus, »probier du mal!«

Der Bär streifte die Fäustlinge über und gab sie mir nach einer Weile zurück. Seine Hände waren großartig warm!

Ich versuchte es zum zweiten Mal. Wieder wurden meine Hände eiskalt.
Da merkte ich, daß dies die Strafe für meinen Jähzorn und für meine Hartherzigkeit war.
Aber auch am ganzen Körper wurde mir kalt. Ich schlotterte in den Knochen, und selbst der Schnaps, den ich aus der Flasche trank, erwärmte mich nicht.
»Du mußt die Handschuhe zurückgeben«, sagte Quintus Sextus.
»Wem?« fragte ich erbost.
»Dem Alten, der in der Wachtstube war«, antwortete der Bär.
»Wo soll ich ihn suchen? Jetzt, mitten in der Nacht?«
»Ich helfe dir«, sagte Quintus Sextus.
Da schämte ich mich, und weil wir gerade abgelöst wurden, machten wir uns auf den Weg. Wir suchten in ganz Betlehem, doch nirgends war der graubärtige Mann mit der jungen Frau zu finden. Endlich erinnerte sich Quintus Sextus, daß vom »Fünfzackigen Stern« die Rede gewesen war. »Das liegt ja schräg gegenüber«, murmelte er, »die Umwege konnten wir uns sparen.«
Wir gingen also hinüber, und der Wirt, der alle Hände voll zu tun hatte, jedoch nicht wagte, einen Soldaten des Kaisers abzuweisen, schickte uns in den Stall. Dort wären zur Nacht noch ein paar Fremde notdürftig untergekommen.
Wir klopften. Der Alte, er war es, bat uns herein. Wir neigten die Köpfe mit Helm und Federbusch unter den Torbalken, vor allem Quintus Sextus, der ein baumlanger, kräftiger Kerl ist. Wir stampften den Schnee von den Stiefeln und blinzelten ins Licht – Herr Gott, was sahen wir da. Die junge Frau saß auf einem Hauklotz, vor ihr eine Krippe, und in der Krippe lag ein Kind, wie es mir noch niemals vor Augen kam, so strahlend rein und doch wie alle anderen Kinder auch. Zugleich mußte ich an meine alte Mutter denken und wie sie beim

Abschied sagte: »Sei gut zu den Kindern, auch wenn du ein Soldat bist, dessen Beruf es ist, mit der Faust ans Schwert zu klopfen. Denke stets daran, daß du selber ein Kind warst, auf deiner Mutter Schoß.«
Da schämte ich mich noch mehr und sagte, daß ich dem Kind die Handschuhe schenken wolle, obgleich das ein rechter Unsinn war, denn wie konnten diese winzigen Fäustchen in meine groben, roten Handschuhe passen?
Josef, so hieß der Alte, lächelte. Sie nähmen das Geschenk gern an, sagte er, doch das Kind wäre ja, wie wir sähen, noch klein. Deshalb sollte ich die Handschuhe erst noch mal mitnehmen. »Später«, sagte er, »wenn das Kind groß ist, sollst du dich an dein heutiges Wort erinnern und daß du dem Kind etwas schenken wolltest.«
Ich überlegte die Sache und wand ein, daß die Handschuhe später womöglich unansehnlich geworden seien. »Sie taugen schon jetzt nicht mehr viel«, beteuerte ich, »kann auch sein, ich habe sie dann ein zweites Mal verloren.«
»Tut nichts«, sagte Josef, »dann schenkst du etwas anderes. Es brauchen ja nicht unbedingt Handschuhe zu sein.«
Quintus Sextus hatte inzwischen an der Krippe gekniet und dem Kind Schattenbilder an die Wand geworfen. Er konnte das ausgezeichnet, obwohl man seinen groben Fingern die Kunstfertigkeit nicht zutraute. Er ließ einen Hasen mit langen Wackelohren erscheinen, dann einen Schmetterling, der die Flügel bewegte, einen possierlichen Bären und einen grimmigen Wolf. Das sah ihm ähnlich, dem Waldkerl! Das letzte Schattenbild aber sah fast wie ein König aus, ein König mit der Krone.
»Komm«, sagte ich, »wir müssen fort.«
Maria, die Mutter des Kindes, nickte uns zu und dankte, daß wir gekommen seien.
Kaum waren wir draußen, da zog ich die Handschuhe an.
»Na?« fragte Quintus Sextus.

»Warm«, sagte ich, »so warm, als hätten sie auf meiner Mutter Ofen gelegen.«
Und nicht bloß an den Händen war mir warm, nein, der ganze Körper brannte vor inwendigem Feuer und einem Glück, das ich nicht zu erklären wußte. So geschah es stets, wenn ich die roten Handschuhe trug, und ich dachte an das Kind, dem ich sie eines Tages schenken würde. Ja, das wollte ich gewiß.

Ich sprach sehr leise, doch Pit hörte jedes Wort. Mitunter blickte ich zu Großvater Thies, der Birkenreiser band und Haselstecken schnitt. Dann bewegte der Junge den Kopf, als wollte er sagen: »Sprich nur weiter, Soldat. Großvater hört gerne Geschichten.« Ich glaube aber nicht, daß der alte Mann mich verstand. Er seufzte bei der Arbeit und blickte sorgenvoll auf den Jungen. Es wurde dunkel in der Baracke, Großvater Thies schien es nicht zu merken. Arko, der Hund, kläffte im Schlaf, der Ofen bullerte.
Als Großvater Thies mich in den Karton packen wollte, sagte Pit: »Der Soldat soll stehenbleiben.«
»Wozu?« fragte der Alte.
»Er hält doch Wache, Großvater, damit ich schneller gesund werde.«
»Ja, das tu man«, antwortete Thies.
»Und außerdem«, sagte Pit, »wartet der Soldat auf die anderen Krippenmänner.«
»Kommen denn noch mehr?«
»Klar.«
»Woher weißt du das?«
»Ich hab's geträumt«, sagte Pit. »Tante Filzschuh hat mit dem Kopf genickt. Das bedeutet, sie wird mir was schicken.«
»Hm«, brummelte der Alte.
Am nächsten Morgen kam der Arzt. Er fühlte den Puls und sagte:

»Immer brav Tee trinken.«
»Bist du ein Krippenmann?« fragte Pit. Er hielt ihn womöglich für den Hirten Matti, weil der Doktor einen Pelz trug und eine Mütze aus Fell.
»Nein«, lachte der Doktor, »der Krippenmann kommt später. Aber du fieberst noch ein bißchen.«
Das Fieber schwand. Doch der Krippenmann kam wirklich. Er war in Sternpapier eingewickelt, Herr Sprenkel brachte ihn nach Feierabend von Kardorf mit.
»Einen Gruß von Tante Filzschuh«, sagte Sprenkel und packte den Krippenmann aus. Es war der dicke, krummbeinige Wirt, mit Zipfelmütze und Schürze.
Großvater Thies machte große Augen. »Kommt der auch aus Betlehem?«
»Na, sicher«, antwortete Pit. »Was meinst du, ob er etwas gemerkt hat von der Krippe? Und daß der kleine Jesus drin lag?«
»Das merken viele nicht, auch wenn sie dicht dabei wohnen.«
»Ich hätte es gemerkt, Großvater. Ich hätte mal durch die Tür geblinzelt. Oder durch ein Astloch . . .«
»Schlaf, Junge.«
Pit seufzte. »Immer schlafen. Da hört man nichts und sieht man nichts.« Nach einer Weile sagte er: »Großvater. Stellst du bitte den Wirt näher ran? Noch näher. So. Jetzt höre ich ihn bestimmt. Er spricht nämlich sehr leise.«
»I, du Nachtmütze. Du gähnst ja schon wieder. Die Uhr ist zehn. Mach die Augen zu, Junge.«
»Ein Auge laß ich offen, Großvater. Mit dem anderen schlaf ich.«
»Meinetwegen«, brummelte der Alte.
Und damit fängt die nächste Geschichte an.

Die achte Geschichte erzählt der Wirt »Zum fünfzackigen Stern«

Das Auge, auf dem man blind ist

Merkwürdig, da ist man nun seit dreißig Jahren Wirt im »Fünfzackigen Stern«, und man hat so gut wie alles erlebt, was auf der Welt vorkommt, Wasser, Feuersbrünste, Heuschrecken, dazu die römische Einquartierung, und daß im Haus des Leviten über Nacht ein trockener Stecken zu grünen anfing – das alles habe ich erfahren, aber man lernt doch nie aus. Wer hätte gedacht, daß man zugleich blind und sehend sein kann?

Ich gewöhnte mir nämlich an, gewisse Dinge nur mit dem linken Auge zu betrachten. Meine alte Scheuerfrau zum Beispiel, die mir ein halbes Leben gedient hat, sie wurde allmählich kraftlos. Ihre Haare bleichten, sie humpelte und hielt die Hand auf die Brust. Ich sah es wohl und sah es wiederum nicht, weil ich sie mit dem linken Auge betrachtete. Eines Tages schickte ich sie fort: »Kann dich nicht mehr brauchen, Resa. Geh und klopfe im Armenhaus an.«

Oder hätte ich genau hinsehen sollen, als man den Fremden, der unter die Räuber fiel, vor meine Tür schleppte? Ich merkte gleich, daß da nichts zu holen war, höchstens Scherereien mit der Polizei – also blickte ich den Zerschlagenen mit dem linken Auge an: Ich sah ihn einfach nicht, basta. Wie gut, dachte ich, daß dir das Schicksal ein blindes Auge beschert hat! Wenn man zu Ansehen kommen will, ist das von unschätzbarem Wert. Ein Gebrechen, gewiß, doch ich teile es mit vielen Geschäftsherren, Händlern und Zöllnern, vielleicht sogar mit jedem Menschen – wie könnte man sonst in dieser Welt bestehen? Aber heute erschrak ich doch. Dabei war es ein Tag wie jeder andere, nur kälter und windiger, und die Gäste kamen der Zählung wegen in hellen Scharen. Ich prüfte sorgfältig, wen ich in den »Fünfzackigen Stern« hereinließ. Zum Glück habe ich trotz meines blinden Auges eine langjährige Erfahrung in der Einschätzung der Leute, ich kann Samt und Seide sehr wohl von grobem Linnen unterscheiden und achte darauf, daß gewöhnliches Volk nicht über meine Schwelle kommt.

Die Zimmer waren denn auch alle von vermögender und standesgemäßer Kundschaft besetzt, bis auf eines, das leer stand. Die Nacht fiel über Betlehem, ich hörte draußen den knirschenden Schritt der Wachsoldaten und hätte zufrieden im Büro sitzen können, wie ich es an anderen Abenden tat, wenn das Geld gezählt und die großen Flurlichter gelöscht waren.

Doch heute fand ich keine Ruhe. Ich kramte in den Vorratskammern, ich prüfte die Riegel an den Türen, ich jagte den Hund vom Ofen. Zuletzt hockte ich am Fenster und lauschte auf den Wind, der den Schnee gegen den Dachfirst wirbelte. Draußen lag der enge, schmutzige, mit Gerümpel verstellte Hof, wie er in allen Herbergen zu finden ist. Der Zaun, der den Hof gegen Scheuer und Stall abgrenzt, hing schief in den Pfosten; die Latten waren zerbrochen, oder sie fehlten ganz.

Das ist also die Kehrseite des »Fünfzackigen Sterns«, dachte ich. Noch mehr verwunderte es mich, daß solche trübsinnigen Gedanken mir kamen. Und als ich den gelben Lichtschein gewahrte, der durch eine Ritze der Stallwand schräg auf den Schnee fiel, wurde mir noch ärgerlicher und erschrockener zumute. Ich erinnerte mich auch der beiden landfahrenden Leute, die spät an meine Tür geklopft und um Unterkunft gebeten hatten. Ein hochgewachsener, graubärtiger Mann, in grobes Ziegenfell gekleidet, die Axt im Gürtel. Seine Herkunft schätzte ich nicht allzu vermögend, gewiß ein Zimmermann, dem Gerät nach zu urteilen. Oder trug er die Axt der Wölfe wegen, die in harten Wintern das Gebirge unsicher machen? »Kein Platz mehr«, sagte ich barsch und drehte den Rücken gegen die Tür. Nein, das waren keine Gäste, von denen man etwas Großartiges erwarten konnte.

Der Mann ließ sich jedoch nicht abweisen. Er sagte leise, ob ich die Frau nicht sähe. Sie stand neben ihm, jung, bleich, vom langen Fußmarsch ermattet. Sie warte auf ihre Niederkunft und müsse dringlich eine Unterkunft haben, wo sie ruhen und bleiben könne.

»Tut mir leid«, sagte ich und machte Anstalten, die Tür zu schließen.

Der Mann trat einen Schritt näher. Wie konnte er wissen, daß ich auf dem linken Auge blind war und daß mir gefallen hatte, just das linke Auge der Frau zuzukehren?

»Hörst du meine Worte nicht?« fragte der Mann noch inständiger.

O, ich wußte wohl, daß man einer solchen Frau beizustehen habe. Auch wäre, wie gesagt, eine Kammer mit sauberen Betten zur Verfügung gewesen. Ich hatte sie für einen hohen Gast reserviert, dessen Kommen gemeldet war. Sollte ich die Kammer etwa diesen hergelaufenen Leuten überlassen? Zudem dachte ich an die Scherereien, die man mit Wöchnerinnen und neugeborenen Kindern hatte.

»So wollt Ihr uns in Nacht und Kälte stehenlassen?« fragte der Mann verzweifelt. Er griff nach der Hand der Frau, um sie fort in die Dunkelheit zu führen.

Da packte mich der Zorn. »Seht zu«, rief ich, »ob im Stall noch Platz ist! Bessere Unterkunft habe ich nicht!« Ich sperrte die Tür und legte den Riegel vor, zufrieden, die Sache erledigt zu haben, wie es der Ruf eines wohlsituierten Hauses erfordert.

Dennoch beschloß ich, bis Mitternacht wach zu bleiben und den hohen

Gast, der mir angekündigt war, zu erwarten. Gewöhnlich sitze ich dann neben dem Ofen und lese die Zeitung. Es kommt auch vor, daß ich ein Nickerchen mache, bis das Klopfen am Hoftor mich aufschreckt. Doch heute war alles anders. Der warme Ofenplatz lockte mich nicht. Müde war ich, doch schlafen konnte ich nicht. Weiß der Kuckuck, weshalb ich ruhelos über die Flure schlich und auf den Wind lauschte, der am Dach rüttelte und im Kamin rumorte. Einmal glaubte ich Hufgetrapp zu vernehmen. Ein andermal hörte ich Stimmen im Hof. Ich öffnete die Hintertür und blinzelte hinaus. Es ging auf Mitternacht. Der Flockenfall hatte aufgehört. Weiß schimmerte der Schnee im Licht der Sterne. Aber dort, was war das?

Ich beugte den Kopf vor. Wahrhaftig, durch die geborstene Stallwand fiel ein gelber, flackernder Schein. Sollten die landfahrenden Leute sich wirklich ein Obdach bei Esel und Rind gesucht haben?

Nichts war zu hören, nur das dumpfe Brummen der Rinder. Mitunter klirrte die Kette, das war alles. Trotzdem wurde die Unruhe in meinem Herzen stärker, als hätte ich etwas Großartiges versäumt.

»Komm doch näher«, hörte ich da jemanden sagen. Ich erschrak, weil nichts zu sehen war, weder im Hof noch am Zaun. Nur in der offenen Fensterluke des Stalles glaubte ich ein paar lange, graue Ohren zu erkennen.

»Bist doch sonst so neugierig«, ließ die Stimme sich vernehmen, eine rauhe, doch ermunternde Stimme, die mir bekannt vorkam.

Die Neugier leugnen konnte ich nicht. Deshalb tappte ich, wie ich war, in Pantoffeln und ohne Mantel, in den Schnee hinaus. Nur das Käppchen mit der Troddel hatte ich auf dem Kopf und die hellblaue Schürze um. Doch wenn ich die Wahrheit sagen soll, ich fror nicht im mindesten.

»Guten Morgen, lieber Herr«, sagte die Stimme ehrerbietig.

»Ach, du bist es, Grauer«, erwiderte ich, keineswegs entsetzt, als ich den Eselkopf in der Luke erkannte. Ich wunderte mich nur über den Gruß des Esels, weil er die Tageszeiten verwechselte. »Weshalb sagst du Guten Morgen? Ist die Nacht schon zu Ende?«

»Jawohl«, antwortete der Esel, »diese Nacht und alle übrigen Nächte.«

»Das begreife ich nicht«, sagte ich barsch.

»Mag sein«, erwiderte der Esel im gleichen, freundlichen Ton. »Du verstehst manches nicht, sonst hättest du den Herrn, dessen Ankunft dir gemeldet war, nicht von der Tür gewiesen.«

»Ist er denn gekommen?« fragte ich verwundert.

Der Esel nickte. Ich sah es im Schein des großen Sterns, der über dem Dachfirst stand, genau.

»Wo ist er? Etwa im Stall?«

Wieder nickte der Esel. »Wenn du willst, darfst du mal durch die Stallwand blicken, vielleicht siehst du ihn.«

Wie unverfroren der grauzottige Bursche redete! Als hätte ich nicht das Recht zu erforschen, was auf meinem Grundstück geschah!

»Tritt nur näher«, sagte der Esel gleichmütig. »Vielleicht hörst du sogar den Engelgesang.«

Ich trat an die Stallwand, reckte mich auf die Zehenspitzen und blickte durch das Astloch.

»Siehst du?« fragte der Esel.

»O ja. Einen graubärtigen Mann sehe ich. Den kenne ich bereits. Er ist ebenso alt wie zudringlich.«

»Sonst nichts?« fragte der Esel.

»Gewiß. Das junge Weib sehe ich auch, das auf dem Hauklotz hockt.«

»Und die Krippe?«

»Die Krippe? Nun ja, eine hölzerne Eselkrippe, nichts weiter.«

»Siehst du nicht, daß ein Kind in der Krippe liegt?«

»Wahrhaftig. Ein neugeborenes Kind. Auf Stroh liegt es . . .«

»Das muß sehr hart sein«, sagte der Esel. Seine Stimme klang vorwurfsvoll, er schnaufte.
»Ist das alles?« fragte ich. »Das landfahrende Volk, das ich von der Tür wies, weil alle Zimmer besetzt waren?«
»Ein Zimmer ist frei«, sagte der Esel hartnäckig. »Warum hast du es dem Herrn, der dir gemeldet war, nicht gegeben?«
»Der Herr! Der Herr!« schrie ich voller Zorn. »Was redest du für Unsinn? Meinst du, ich kann einen vornehmen Herrn nicht von Betteleuten unterscheiden?«
»Wahrscheinlich nicht«, erwiderte der Esel. »Ich vermute, du hast mit dem falschen Auge in den Stall geschaut. Versuche es doch mit dem anderen Auge, lieber Herr.«
Woher wußte der Esel, daß ich zwei verschiedene Augen hatte? Ich schüttelte ärgerlich den Kopf und wollte ins Haus zurückkehren, doch die Stimme in der Fensterluke war jetzt voller Güte und Sanftmut.
»Versuche es, lieber Herr. Schau mit dem Auge, auf welchem du gewöhnlich blind bist.«
Ich gehorchte widerwillig, reckte mich auf die Zehenspitzen und lugte, obwohl ich das für baren Unsinn hielt, mit dem linken Auge durch das Loch in der Stallwand. Und so wunderlich war alles, was ich sah, daß ich den Atem anhielt.
Ich sah, wie die Stalltür sich öffnete und eine Schar Hirten hereinkam, derbe, stoppelbärtige Männer, in Pelze und grobe Wämser gekleidet. Ich erkannte sie allesamt, den Jan, den Matti, den Hansjochen, ja sogar den Hütejungen, der ihnen manchmal Schnaps aus der Herberge holt. Jetzt waren ihre Augen groß und hell, sie traten näher und beugten das Knie vor der Krippe. Sie redeten vom Engel, vom Feld, vom himmlischen Feuer. Danach legten sie ihre Geschenke nieder, einen Laib Brot, einen Krug mit Wein, ein schlohweißes Lammfell, einen Stern, aus Strohhalmen geflochten.

»Siehst du den Herrn der Welt?« fragte der Esel wiederum. »Und hörst du den Engelgesang?«
Wird man mir glauben, daß ich den Gesang der Engel vernahm und daß er herrlicher war als alles, was man sonst auf Erden hören kann? Jetzt, da die seltsame Nacht längst vergangen ist, stehe ich mitunter vor der leeren Krippe, ich betrachte das harte, von den Mäulern der Tiere feuchte Holz. Ich betrachte es lange und schüttle ungläubig den Kopf. »Bruder Esel«, frage ich dann, »willst du mir nicht sagen, ob dies alles wahr ist, oder ob ich es nur geträumt habe?«
Der Esel bewegt spielerisch die Ohren. Er blickt mich sanftmütig an, dann sagt er leise: »Begreifst du noch immer nicht, daß in jener Nacht alles anders war, als ein Mensch und ein Esel sich ausdenken können? Der Gast, den du vergeblich erwartetest, war längst bei dir eingekehrt. Er war ein König und lag in einer Krippe. Die Mitternacht rief: Guten Morgen! Und die törichten Hirten waren klug. Ist es da verwunderlich, wenn ein blindes Auge mehr erkennt als ein sehendes?«

»Wie gut, du auf den Esel hörtest«, rief Pit, nachdem ich die Geschichte beendet hatte, »und daß es ein Astloch in der Stallwand gab. Aber sag mal, Wirt, hattest du denn keinen Kalender?«
»O ja«, antwortete ich, »einen Kalender besitze ich wohl. Er hängt im Büro. Dort melden die Gäste sich an, die im ›Fünfzackigen Stern‹ übernachten wollen.«
»Da hättest du doch auf dem Kalender nachsehen können«, sagte Pit.
»Was, wenn ich fragen darf?«
»Wann Heiligabend ist.«
Ich schwieg.
»Oder weißt du nicht, an welchem Tag das Jesuskind geboren wird?«
»Jetzt weiß ich es«, sagte ich beschämt, »doch damals stand nichts davon auf dem Kalender.«

Pit hob den Kopf vom Kissen und lächelte verschmitzt. »Hast recht«, sagte er, »damals wußte niemand genau, wann das Jesuskind geboren wird. Nicht mal die Lehrer und Pfarrer. Nur der Engel. Der hat es den Hirten auf dem Feld gesagt. Was meinst du, ob Herr Sprenkel mir heute einen Hirten mitbringt?«

»Schon möglich«, sagte ich. »Oder er bringt den Räuber Kolle Kunkel. Oder den Weisen aus Morgenland.«

In diesem Augenblick erhob sich Großvater Thies, der am Ofen saß und die Pfeife rauchte. »Spintisiert er wieder von den Krippenmännern?« Er bückte sich zum Bett und ließ den Jungen aus der Teetasse trinken.

»Schmeckt bitter«, sagte Pit. Plötzlich fragte er: »Welche Zahl haben wir heute?«

Der Großvater wußte nicht, was der Junge wollte.

»Auf dem Kalender, Großvater!«

»Ach so«, der Alte setzte die Brille auf und schlurfte zur Wand. »Der zwanzigste steht da.«

Pit klatschte in die Hände. »Noch vier Tage!« rief er. »Noch vier Tage!«

Großvater Thies blickte bekümmert drein. »Und die Besen?« sagte er. »Ehe ich die nicht loswerde, wird es nicht Weihnachten.«

»Wollen wir wetten?« sagte Pit. »Die Besen wirst du alle verkaufen!«

Großvater Thies rieb das Kinn. »Daran merkt man, daß du noch Fieber hast, Junge. Komm, trink . . .«

Gegen Abend klopfte es. Sprenkel stand draußen, der Liftschaffner. Er habe nicht viel Zeit, wolle nur das Päckchen abgeben, von Tante Filzschuh, »und ob der Pit bald gesund ist«.

»Jawohl!« krächzte Pit. »In vier Tagen bin ich gesund!« Er konnte es kaum erwarten, bis Sprenkel sich verabschiedet hatte und Großvater Thies den Krippenmann auspackte.

»Kolle Kunkel!« rief Pit entzückt.
Sogar Großvater Thies sagte, daß es ein famoser, echter Räuber sei.
Er stellte Kolle Kunkel auf den Reisekoffer. Pit betrachtete ihn liebevoll, als wäre er ein guter, alter Bekannter. »Viel schöner als im Katalog«, flüsterte er, als ob Kolle Kunkel jemals schön gewesen wäre, der mit seinem wilden Gesicht und dem grausligen Bart.
Arko kam aus der Kiste und beschnupperte den neuen Krippenmann. »Weiß der auch eine Geschichte?« fragte er mißtrauisch.
»Na, und ob«, flüsterte Pit. »Räuber wissen viele aufregende Geschichten.«
»Du wirst davon träumen«, sagte Großvater Thies und runzelte die Stirn.
Kolle Kunkel, der bisher unbeweglich gestanden hatte, öffnete den Mund hinter seinem wilden Schnurrbart und hustete. Das war das Zeichen, daß er auch etwas sagen wollte.
»Toll, toll«, knurrte Arko. Er rollte sich auf der Fußmatte zusammen. Seine Augen wurden klein, so gespannt war er.
Der Räuber räusperte sich wieder.
Und damit fängt die nächste Geschichte an.

Die neunte Geschichte erzählt der Räuber Kolle Kunkel

Wie das Stroh in die Krippe kam

Das geschah damals, als ich noch der Räuber Kolle Kunkel war und dem Bauern Rott das Haus anzünden wollte. Ja, ich gestehe es, ich bin ein böser Kerl gewesen. Die Menschen im Land hatten Angst vor mir, und erst die Kinder! Ich sah ja auch furchterregend aus: Einen schwarzen, zottigen Bart hatte ich, die Haut war von Sonne und Frost gegerbt wie Leder, und meine Stimme klang rauh, als knarre ein Stück Astholz im Wind. Meine Fäuste taten viel Böses, sie raubten, schlugen und stahlen. Bald lief die Kunde von meinen Untaten durch das Land, und wenn der Sturm an den Fensterläden rüttelte, sagten die Mütter: »Hört ihr? Der böse Kolle Kunkel geht um!«

Es war damals ein harter Winter, der Schnee lag hoch in den Mulden, und das Räuberhandwerk gedieh schlecht. Sooft der Hunger mich trieb, verließ ich die Höhle im Wald, stutzte den Bart, wusch Gesicht und Hände und zog einen langen, laubgrünen Mantel an, den die Frau des Bauern Rott, eine mitleidige Seele, mir vor Jahr und Tag geschenkt hatte. Ich brach einen Knotenstock ab und befestigte den Stern darauf, einen gelben, glänzenden Stern aus Blech. Ich dachte: Wer den Stern anguckt, der schaut nicht auf den Räuber Kolle Kunkel, denn das Blech glitzerte und funkelte, sobald das Sonnenlicht oder der Schein der Hauslaternen darauf fiel.

So zog ich von Hof zu Hof, klopfte an den Türen und sang. Schön war meine Stimme nicht, eher heiser und rauh, aber ich hatte einen guten,

demütigen Augenaufschlag und wußte mich schwach und zittrig zu stellen, so daß jedermann Mitleid empfand.
Alle gaben mir ein Stück Brot oder einen Zipfel Wurst, oder sie ließen mich einen Becher voll Milch trinken, nur der Bauer Rott nicht. Der war geizig und mißtrauisch. Womöglich hatte ich eine Dummheit gemacht, bei Rott anzuklopfen, wo ich doch seinen langen, laubgrünen Mantel trug, den sein Weib mir geschenkt hatte. So kam es, daß Rott mich groß anstarrte und den Knechten befahl, mir den Mantel, den ich gewiß gestohlen hätte, von der Schulter zu reißen. Es half nichts, daß die Bäuerin für mich eintrat. Der Bauer schrie noch zorniger, die Knechte nahmen mir Mantel und Stern fort und hetzten die Hunde hinter mir her.
Deshalb wollte ich jetzt dem Bauern das Haus anzünden. Ich tat einen Feuerbrand in den Krug, nahm ein Bündel Stroh unter den Arm und machte mich auf den Weg nach Betlehem, wo der reiche und jähzornige Rott wohnte.
Am Grenzstein, hinter den Birken, traf ich Reineke Fuchs und fragte: »Bruder Fuchs, wohin?« Er habe es auf Rotts Hahn abgesehen, antwortete der Fuchs, weil der ihn jedesmal verriet, sooft er in die Nähe der Höfe schlich.
»Da haben wir den gleichen Weg«, sagte ich und dachte, es könne nur von Nutzen sein, wenn der wachsame und listige Fuchs mich begleitete. Es war eine dunkle, mondlose Nacht.
Als wir zu den Schafhürden kamen, sagte Reineke, wir sollten lieber einen Umweg machen, da er kein Freund von Hunden sei, am wenigsten von großen, zähnefletschenden Hirtenhunden.
Wir überquerten den Bach. Auf einmal blieb Reineke stehen: »Was ist das? Es wird ja taghell!«
Wahrhaftig, der Schnee glänzte wie Linnen, und das Eis des Baches strahlte, als wäre es aus Silber gemacht.

Ich blickte nach Betlehem, wo dicht über den Dächern ein mächtiger Stern stand, wie ich noch nie einen gesehen hatte. Ich erinnerte mich plötzlich der Zeit, als ich zum ersten Mal die Sterne über den Baumwipfeln entdeckte. Merkwürdig, dachte ich, damals warst du ein Kind, klein und unschuldig.
Ich rieb die Zotteln und starrte unentwegt zum Horizont, der hell war wie am Tag.
»Die Welt geht unter«, sagte der Fuchs erschrocken. »Wir müssen uns beeilen, wenn wir vorher unseren Schnitt machen wollen.«
Als wir die Talsenke beim schwarzen Moorloch überquerten, blieb Reineke wiederum stehen. Er hob den Kopf und spitzte die Ohren. »Hörst du die Musik?« fragte er, indem er sich auf die Hinterpfoten reckte, als wollte er tanzen.
Wieder kam mir die Zeit in den Sinn, als die Mutter ein Lied sang, abends an meinem Bett, aber das war lange her, und jetzt trug ich einen Feuerbrand im Krug und war ein Räuber.
»Die Katzen können es nicht sein«, sagte der Fuchs, »dazu ist es zu kalt.«
»Das ist Engelmusik«, behauptete ich. Ja, der Gesang war noch süßer als Honig, noch kräftiger als weißer Branntwein. Wenn man ihn hörte, zitterte das Herz im Leib vor Furcht und Freude zugleich, es ging bis in die innersten Knochen.
»Marsch«, sagte der Fuchs, »wir sind gleich da. Siehst du das Haus vom Bauern Rott? Das wird eine lustige Fackel geben!«
Wir pirschten uns vorsichtig näher, im Schatten der Straßenbäume. Dann kamen die hohe Planke und das Hoftor.
»Mach schon«, sagte der Fuchs, der nichts lieber sah, als wenn es lichterloh brannte.
Ich tauchte das Bündel Stroh in den Krug, der mit roter Glut zur Hälfte gefüllt war. Mit dem flammenden Stroh wollte ich die Schin-

deln, die brüchig und trocken waren und weit herabreichten, in Brand stecken.
Der Fuchs schlich inzwischen auf die Seite, um die Fenster des Hauses im Auge zu behalten.
Ich starrte in den Krug. Zum Teufel, wollte das Stroh nicht Feuer fangen?
»Beeil dich«, rief der Fuchs. »Ich glaube, Jochen Früh, der Trompeter, ist wach.« Damit meinte er den Hahn, der gerade jetzt zum ersten Mal krähte.
Ich zog das Strohbündel aus der Glut und betrachtete entsetzt die gelben, unversehrten Halme. Hatte man so etwas in der Welt schon gesehen? Stroh, das im Feuer nicht verglühte?
Der Fuchs rannte ungeduldig herbei. »Was ist? Hast du dich anders besonnen?«
Ich schüttelte den Kopf und steckte das Bündel wiederum in den Krug.
»Her mit dem Stroh!« rief der Fuchs. »Wenn die Scheune erst flackert, wird das Hühnergesindel mir nicht entkommen!«
»Da«, sagte ich, »hast du den Brand!« Ich hielt Reineke Fuchs das Stroh unter die Nase.
Er wich zurück, den Schwanz vor Entsetzen eingeklemmt. Nie habe ich ein dümmeres Fuchsgesicht gesehen. Wäre mir nicht selbst jämmerlich zumute gewesen, ich hätte laut gelacht und mir die Schenkel geklopft, so verstört sah Reineke aus.
Da hörten wir über uns eine helle Stimme. »Gebt euch keine Mühe«, sagte die Stimme, »heute nacht bringt ihr nichts Böses zustande.«
»Warum nicht?« fragte der Fuchs.
»Weil dies eine besondere Nacht ist,« darum krähe ich. Und ich werde es gleich noch einmal tun, um die Bauersleute zu wecken. Sie sollen aufstehen und den Herrn der Welt anbeten, der in dieser Nacht geboren ist.«

»Wecken? Das wirst du nicht tun«, sagte der Fuchs drohend.
Der Hahn, der bisher auf dem Firstbalken gesessen hatte, schlug die Flügel lautklatschend gegeneinander und flatterte herab. »O gewiß werde ich krähen«, entgegnete er sanft, »und ihr beiden Räuber werdet froh sein, wenn ihr uns zum Stall begleiten dürft.«
Reineke Fuchs knirschte vor Zorn: »Ehe du krähst, beiße ich dir den Hals ab!« Er warf sich mit einem schnellen Satz auf den Hahn und packte ihn an der Gurgel. Doch so groß seine Gier war, er konnte nicht zubeißen, die Zähne gehorchten ihm nicht. Verdutzt ließ er von Jochen Frühs schöner, geringelter Halskrause ab.
Der Hahn bewegte wieder die Flügel. »Siehst du«, sagte er, ohne zu triumphieren, »nicht eine einzige Feder habe ich verloren.« Danach reckte er den Hals und schmetterte wie eine helle Trompete den Weckruf über den Schnee. Es hallte weit in die Gassen von Betlehem, im Haus wurden die Lichter angesteckt.
Reineke Fuchs, der bis dahin wie erstarrt gestanden hatte, machte linksum kehrt.
»Warte doch, Bruder Reineke«, rief der Hahn, »wir gehen zusammen!«
Der Fuchs hielt im Laufen ein, er wendete den spitzen Kopf. Womöglich dachte er das gleiche wie ich: Wo ein großer Herr auf die Welt kommt, wird für unsereinen gewiß eine Kleinigkeit abfallen.
»Wir gehen«, sagte ich kurz, »ist es weit?«
»Nur ein paar Schritte«, trompetete der Hahn.
Der Fuchs spitzte die Ohren. »Ich höre Gekläff«, sagte er mißtrauisch.
»Das sind die Hirtenhunde«, antwortete der Hahn, »die mit ihren Herren zum Stall gehen, um dem neugeborenen Kind etwas zu schenken.«
»Ich habe kein Geschenk«, sagte der Fuchs kleinlaut.
»Nimm das Stroh«, sagte der Hahn, »das ist besser als gar nichts.«

Reineke ergriff das Strohbündel mit den Zähnen. Ich trug den Feuerkrug, so machten wir uns auf den Weg. Und ich wunderte mich, weil der Fuchs keine Angst mehr vor den Hirtenhunden hatte.
Als wir zum Stall kamen, blickten wir uns ratlos um. Nirgends ein Schatten, darin man hätte verschwinden mögen. Der große Stern stand genau über dem Dach und funkelte in alle Ecken und Winkel.
»Dort ist die Tür«, sagte der Hahn.
Ich stolperte über die Schwelle. Fast hätte ich die Glut aus dem Krug verloren.
»Wie gut, daß ihr kommt«, sagte da eine helle, zarte Stimme.
Ich sah eine junge Frau auf dem Hauklotz hocken, die hatte ein Gesicht wie Milch und Blut, und wenn sie lachte, zeigten sich obendrein winzige Grübchen auf ihren Wangen. Das war ein wunderschöner Anblick, ich hätte sie unentwegt anschauen mögen, tat es aber nicht, weil ich doch ein Räuber war.
Sie kraulte Reineke das Fell und bedankte sich für das schöne, trokkene Stroh. »Ein sehr nützliches Geschenk«, sagte sie und breitete die Halme in die Krippe. Der Graubart, der neben ihr stand und der zuerst argwöhnisch die Eindringlinge gemustert hatte, half ihr, unwirsch brummend.
Ich erschrak. Das Kind hatte wahrhaftig auf dem nackten Holz gelegen!
»Komm näher«, sagte die helle Stimme wiederum, »ja, dich meine ich, Kolle Kunkel.«
Ich hob die Augen und sagte, daß ich nichts zu schenken hätte, die Herrschaften möchten es nicht krummnehmen.
»O doch«, sagte die junge Mutter, »du hast einen Feuerbrand im Krug.«
Ich blickte auf die Glut und wunderte mich, daß jetzt Funken heraussprangen wie Sternchen.

»Wenn ihr den Brand haben wollt ...«, brummte ich.
»Gern«, erwiderte die Frau. »Das Kind könnte sich sonst erkälten. Willst du es nicht anschauen, Kolle Kunkel?«
Ich wagte die Augen kaum zu öffnen, weil ich fürchtete, das Kind zu erschrecken. Womöglich hatte es noch keinen Räuber gesehen.
»Es will deinen Bart zausen«, lachte die Frau.
»Verzeih«, sagte ich, »das ist ein Räuberbart, er ist im Winter gewachsen, als ich in der Höhle saß.«
»Du wirst nicht mehr in der Höhle sitzen«, sagte die Frau.
Da ließ ich das Kind in meinem Bart zausen. Fuchs und Hahn guckten verwundert zu, und nur der Alte, den die Frau Josef nannte, brummelte.
Ich weiß nicht, wie ich aus dem Stall fortgekommen bin. Auf dem Heimweg trafen wir den Bauern Rott. Er schielte mißtrauisch zu mir her, doch als die Bäuerin ihn am Ärmel zog, besann er sich und sagte, er habe schon länger mit mir sprechen wollen. Er brauche einen Knecht in seinem Stall, sagte er, und singen könne ich bei ihm auch, am Feierabend, versteht sich.
So kam ich auf Rotts Hof, den ich doch hatte anzünden wollen. Und sooft ich Reineke, den Fuchs, beim Moorloch traf oder im Wald, ließ er den Hahn vielmals grüßen und sagte, indem er mich kopfschüttelnd von oben bis unten betrachtete, den schwarzen, gestutzten Bart, das saubere Gewand und die blanken Stiefel: »Die Welt ist wunderlich genug. Doch nirgends geht es merkwürdiger zu als in Betlehem!«

»Mag sein«, sagte Arko, »trotzdem hätte ich nicht geglaubt, daß man einen Räuber wie dich so nahe an die Krippe läßt.«
Was sollte ich erwidern? Mir war die Sache ja selber unheimlich.
»Ist es wahr«, fuhr Arko zu fragen fort, »daß der kleine Jesus deinen Bart gezaust hat?«

Ich nickte, und Pit fügte hinzu: »Was Kolle Kunkel erzählt, ist bestimmt wahr. Glaub's nur, Arko.«
Daran merkte man, daß der Junge bald wieder gesund war. Großvater Thies lächelte, obwohl er nicht viel von unserem Gespräch verstand.
Der Hund kauerte sich tiefer in die Kiste. »Weiß der Herr Räuber auch«, knurrte er ärgerlich, »ob noch mehr Krippenmänner kommen?«
»Keine Bange«, erwiderte ich, »da sind noch welche!«
»Solche wie du?«
»Nein, bessere. Der Hirt Matti zum Beispiel, der kein Öl in der Laterne hat.«
»Warum kauft er keines?«
»Tut er doch«, sagte ich.
»Na also«, knurrte Arko, »und jetzt will ich schlafen.«
Matti, der Hirt, kam am nächsten Tag, in Papier gewickelt, mit goldenen Sternchen. Da er von je ein wortkarger Mensch gewesen war, wollte er sich nicht zum Erzählen bewegen lassen.
»Los«, sagte Pit, »ich bin neugierig.«
»Ist keine rühmenswerte Geschichte», erwiderte Matti.
»Warst du im Stall?« erkundigte sich Arko.
Matti kratzte sich hinter dem Ohr. »Zu spät kam ich. Das ist alles.« Er hatte eine tiefe, rauhe Stimme, wie ein Schafbock. Sein Haar war weiß.
»Erzählen mußt du«, sagte Arko, »sonst wird Pit nicht gesund.«
Matti betrachtete den Jungen lange. Er seufzte. Er sprach sonst nie von sich selber. Doch der Kranke tat ihm leid.
»Was trägst du unter dem Arm?« forschte Arko, den das Schweigen des Hirten ärgerte.
»Einen Krug«, antwortete Matti.
»Wozu?«

»Ich muß Öl holen. Für die Laterne.«
»Warum schickte man nicht den Hütejungen? Oder einen von den faulen Kerlen, die im Stroh liegen und Karten spielen? Bist doch gewiß alt, Matti?«
»Ja. Sehr alt.«
»Trotzdem mußtest du und kein anderer mit dem Krug fort?«
»Ja. Trotzdem.«
»He, warum bloß?« Arko fragte immer ungeduldiger.
Matti räusperte sich. »Es gibt so einen Brauch bei uns Hirten . . .«, er stockte und schwieg von neuem.
»Na, erzähl schon«, sagte Arko und stieß den Hirten ans Knie.
»Meinetwegen«, sagte Matti endlich, »vielleicht ist es gut zu hören für alle, die nicht genug Geduld haben.«
Und damit beginnt die nächste Geschichte.

Die zehnte Geschichte erzählt der Hirt

Matti, der einen Umweg machte

Ich bin Matti, ein Hirt auf dem Feld. Ich habe viele Sommer und Winter gesehen, doch nicht viel Gutes. Der Wolf ist in unsere Herde gekommen, er hat Schafe geraubt, und manchmal haben wir ihn erschlagen. Ich besitze kein Haus, auch keinen Acker. Nicht mal das Stroh, auf dem ich schlafe, gehört mir.

Mein Bart ist grau, im Buch lesen kann ich nicht, aber ich weiß ohnehin, daß es keine Gerechtigkeit auf der Welt gibt, auch nicht beim Kaiser in Rom. Und selbst wenn es dort Gerechtigkeit gäbe, wie sollte sie zu uns kommen, in das schlechte, gottverlassene Nest, das wohl einen Kaufmann und eine Herberge hat, aber keinen Menschen, der barmherzig und hilfreich wäre? Vorankommen wollen sie, bauen neue Scheunen und Häuser und verachten die Hirten, weil ihre Sprache rauh ist, ihre Haut dunkel. Das Rauhe und Dunkle rührt vom Wetter her, vom Frost, vom Rauch, von der Einsamkeit. Die Welt hat uns vergessen, deshalb sind wir wortkarg und mißtrauisch geworden. Wir wissen nicht genau, ob der Winter ein Ende nimmt, ob die Kälte vergeht, die Finsternis jemals aufhört.

Es ist wahr, ein mürrischer, alter Kerl bin ich, dem selbst die anderen Hirten aus dem Weg gehen. Mitunter packt mich der Zorn, da sagt wohl einer: »Mußt Öl holen, Matti . . .«, ich stecke die Fäuste in die Taschen und kehre mich um. Sie machen ihren Spaß, die jungen Burschen. Was wissen sie von jener Nacht, als ich wirklich Öl holen ging?

Dabei kann ich ihnen nicht mal vom Engel erzählen, weil ich ihn nicht gesehen habe, den Engel. Er stand mit dem nackten Fuß auf dem Schnee, sagen die, welche ihn sahen; das Gras unter seinem Fuß grünte. Sie wußten auch die Worte noch, die der Engel gesprochen hat, und daß ein Gesang unter den Wolken war und die Luft nach Rosenöl roch, trotz der Kälte.
Ich weiß von alledem nichts, weil ich zu spät kam. Das heißt, ich mußte zuerst den Umweg machen. Bin ja oft zu spät gekommen im Leben. Diesmal war es so, daß die Laterne, die am Pfosten hing, kein Öl mehr hatte. Sie erlosch gerade, als ich hereintrat, und nach einem alten Hirtenbrauch muß derjenige, den die Flamme zuletzt ansieht, sich stracks aufmachen und frisches Öl herbeischaffen. Das war ich.
Der Schnee stöberte, als ich vor die Hütte trat. Keinen Hund hätte man hinausjagen mögen. Ich fror und tappte mit mürrischen Gedanken durch die Finsternis. Am meisten haßte ich das Licht, weil es daran schuld war, daß ich nicht in der warmen Hütte sitzen und die Hände am Feuer wärmen konnte.
Zum Glück war der Kaufmann noch wach. Er wird Geld gescheffelt haben, der alte Wucherer, oder Zinsen ausgerechnet. »Was willst du?« rief er aus der Kammer, als ich klopfte.
»Brennöl«, antwortete ich.
Der Kaufmann humpelte ans Tor. »Komm«, sagte er, »das Öl ist im Speicher.« Er ließ sich das Geld in die Hand zählen, und wir gingen über den Hof.
»Verdammt«, sagte der Kaufmann, »der Speicher ist abgeschlossen.« Als ob er jemals irgendeine Tür über Nacht offen ließe!
»Habt Ihr keinen Schlüssel?« fragte ich barsch. Die Zeit wurde mir lang; ich hätte schon auf dem Heimweg sein können.
Der Kaufmann humpelte ins Haus. Als er zurückkam, sagte er: »Ich finde den Schlüssel nicht. Muß ihn verloren haben.«

»Und das Öl?« fragte ich zornig.
Der Kaufmann zuckte gleichmütig die Achseln. »Mußt zum Schmied gehen, Matti, damit er einen neuen Schlüssel macht.«
Ich starrte den spitznäsigen Kaufmann wütend an. Ohne Öl konnte ich nicht in die Hürde zurück. Ich stellte den Krug neben die verschlossene Speichertür und machte mich auf den Weg zum Schmied. Der wohnte im nächsten Dorf, hinter dem Moorloch.
»He, Schmied!« Ich pochte ans Tor, weil alles dunkel war.
Der Schmied steckte den Kopf aus dem Fenster. »Geht die Welt unter? Oder kommt der Kaiser Augustus zu Besuch?« Ein Witzbold war er, der Schmied. Er schreckte die Leute gern. Den Kindern malte er schwarze Schnurrbärte aus Ruß ins Gesicht, oder er tauchte ihre Köpfe ins rostige Wasser.
»Komm heraus«, rief ich, »steck dein Schmiedefeuer an. Sollst einen Schlüssel machen für den Speicher des Kaufmanns, damit ich Öl bei ihm holen kann.«
»Papperlapapp«, antwortete der Schmied, »das Feuer kann ich nicht anstecken. Habe keine einzige Kohle mehr. Mußt zum Köhler gehen, Matti, wenn du ein Schmiedefeuer haben willst.«
Was war das für eine Unglücksnacht! Kein Öl in der Laterne, kein Schlüssel am Speicher, keine Kohle im Sack. Oh, niemand anderem als Matti mußte das zustoßen, Matti, der auch sonst genug schwarze Tage gesehen hat. Der Schmied gab mir den Kohlensack. »Je schneller du läufst«, sagte er, »um so eher bist du zurück.«
Ich stapfte über den holprigen Acker in den Wald. Müde und verdrossen war ich, und mein Herz brannte, wenn ich an die anderen Hirten dachte, die jetzt ins warme Stroh krochen. Fast hätte ich mich verirrt, doch im Wald brannte ein winziges, gelbes Licht, dorthin stolperte ich.
»Gut, daß du kommst, Matti«, sagte der Köhler, »bist eine treue Seele.«

»Nichts da«, erwiderte ich, »sollst mir Kohlen geben in den Sack.«
»Bin krank«, seufzte der Köhler. Er hatte den Kopf mit einem Tuch umwickelt. »Mußt zum Arzt gehen, Matti. Dann will ich dir gern Kohlen geben.«
Wahrhaftig, das Unheil dieser Nacht nahm kein Ende! Dem einen mangelte das Feuer, dem anderen die Gesundheit. Schlechte, unvollkommene Welt!
Der Arzt wohnte über dem Berg. Beim Schein des Schneelichts musterte er meine Füße, die in schäbigen Lumpen steckten. Womöglich hat er mir angesehen, daß ich müde und ausgehungert war. »Tut mir leid«, sagte er, »daß ich dir Mühe machen muß.«
»Was ist?« fragte ich argwöhnisch.
»Du mußt erst meinen Esel herbeischaffen, Matti«, sagte der Arzt. »Er steht drüben im Stall, in Betlehem, beim Wirt ›Zum fünfzackigen Stern‹.« Damit zeigte er über das Schneefeld.
Betlehem war nur hundert Schritte entfernt, doch das letzte Stück des Weges wurde mir sauer. Ich hätte gern einen Schnaps getrunken oder einen Schluck Wasser. Die Kehle war ausgedörrt, die Augen brannten. Einmal dachte ich: Den Stall wirst du niemals erreichen, obwohl ich ihn dicht vor mir sah, trotz der Finsternis. Nirgends brannte ein Licht, aber ich ging, ohne die Richtung zu verfehlen, auf den Stall los. Plötzlich stand ich auf der Schwelle.
»Komm herein«, sagte eine dunkle, ruhige Stimme. Ich erkannte einen älteren, bärtigen Mann und eine Frau. »Hilf uns ein wenig«, sagte der Mann. Da erst sah ich, daß die Frau ein neugeborenes Kind auf dem Arm trug. »Wir wollen es in die Krippe legen«, sagte der Mann.
Mir war keineswegs nach Ammendiensten zumute, doch ich zog die Krippe hervor und legte das Kind auf das nackte Holz. Nicht mal ein Stück Linnen besaßen die fremden Leute.

»So ist es gut«, sagte der Graubart und lächelte. Er deckte den Mantel über die Krippe.
Verfluchte Armut, wollte ich sagen, doch das zornige Wort blieb mir im Hals stecken wie eine Fischgräte. Ich hustete.
Da sagte die Frau: »Ich danke dir, Matti«, bis heute weiß ich nicht, woher sie meinen Namen gekannt hat, soviel ich auch darüber nachdenke.
Da stehe ich also, kratze den Schädel und starre das Kind an. Fast hätte ich vergessen, daß ich des Esels wegen gekommen war.
»Nun geh«, sagte der Alte sanft, »nimm das Tier, es wird heute weder faul noch störrisch sein. Und ich bitte dich, bringe mir auch einen Tropfen Öl. Du siehst, wie dunkel es im Stall ist.«
Gern hätte ich dem Graubart die Bitte abgeschlagen, doch als ich das Kind auf dem Holz liegen sah und die Mutter lächeln in ihrer Not, brachte ich es nicht über's Herz. Dabei war es gar nicht so dunkel, ein Stern lugte durch die zerbrochenen Dachschindeln, und es sah fast so aus, als wäre er nicht am Himmel festgemacht, sondern am Firstbalken des Stalles, da, wo die Hölzer sich kreuzen. Die Hähne krähten, als käme der Morgen schon, die Kettenhunde schlugen an.
Ich nahm den Esel beim Halfter und brachte ihn dem Arzt. »Gut«, sagte der, »nun führe uns über den Berg.«
Wir stapften durch tiefen Schnee; der Arzt ritt auf dem Esel.
Wir kamen zum Köhler. »Kannst den Sack mit Kohlen füllen, Matti.«
Der Sack war schwer. Fast beugte er mich nieder auf den Schnee. Doch je ärger die Last mich drückte, um so heller wurde die Nacht.
Der Schmied stand vor dem Feuerloch und wartete. Er hielt den Schürhaken in der Hand. »Oho! Gut gelaufen!« rief er. Merkte er nicht, daß meine Beine zitterten, daß der salzige Schweiß mir auf der Stirn stand? »Brav, Matti«, sagte der Schmied, indem er den Hammer klopfen ließ, »hier ist der Schlüssel.«

Ich kam zum Moorloch, der Kaufmann öffnete den Speicher, er füllte Öl in den Krug. »Geh, du Narr«, sagte er, »sieh zu, daß du ins Stroh kommst.«
Ich wendete mich stumm zu den Hürden. Noch ein paar Schritte, dann hatte ich es geschafft. Mir war auf einmal, als spränge das Eis in den Gräben und das Wasser flösse zu Tal. Es roch nach grünen Grassprossen. Auf dem Weidegrund glaubte ich Blumen zu sehen, Gelbsterne, Krokus, Anemon.
Da erschrak ich plötzlich und starrte auf den Krug. Bist ein schlechter, wortbrüchiger Hirt, Matti. Hast die Leute im Stall vergessen, die ohne Licht sind. Den Graubart, die Mutter, das Kind. Bist müde und willst heim, Matti. Mußt aber umkehren. Mußt den Weg zurück, Matti, auch wenn er weit und beschwerlich ist.
Es ist wahr, ich fluchte, als mir das einfiel. Die Kehle war rauh und ausgetrocknet. Die Füße schmerzten. Mußt trotzdem umkehren, Matti, sagte ich zu mir selber. Mußt dem Kind Öl bringen, wenigstens einen Tropfen. Hast es versprochen, Matti, mußt es auch tun.
Als ich zum Stall kam, war es drinnen hell. Ich lehnte am Pfosten. Bin vergeblich gekommen, dachte ich, sie haben schon Öl. Nie bin ich so mürrisch gewesen wie in diesem Augenblick. Und traurig, weil alles umsonst war.
Da hörte ich sagen: »Komm herein.« Es war die dunkle und ruhige Stimme, die ich kannte. Der Graubart stand neben mir. Er legte die Hand auf meine Schulter. Dann führte er mich zum Stall. Wie staunte ich, als ich Hansjochen und Jan und Jakob dort knien sah! Sie hockten barhäuptig vor der Krippe, hielten die Hände gefaltet und blinzelten zum Kind. Dahinter stand der alte Jona, der mit dem Kopf wackelt. Und Isak mit der Knollennase war auch da. Ebenso der flachshaarige Bileam, der an Krücken geht. Und der scheeläugige Klas. Der bucklige Willem. Und Jonathan mit dem Messer. Der kleinste war Daniel,

der Lausbengel, der oft genug Nasenstüber abkriegt und ins Dorf geschickt wird um Schnaps. Jetzt blies er einen Marsch auf dem Rohr: »Ihr Hirten, erwacht, seid fröhlich und lacht«, und alle brummelten mit, so gut sie konnten.

»Komm, Matti«, sagte der Graubart, als der Gesang geendet hatte, »füll mir einen Tropfen Öl in die Laterne.«

»Braucht's nicht, Herr«, erwiderte ich, »ist ja schon taghell.«

»Gib nur«, lächelte der Mann, »der Stern wird nicht immer über dem Dach stehen.«

Wahrhaftig, es war der Stern, der jetzt die ganze Finsternis durchdrang und sie hell machte! Aber noch heller und strahlender war das Kind in der Krippe!

Die anderen Hirten murrten, weil ich zu spät gekommen war und weil ich jetzt ganz vorn knien durfte, beim Kind. Ich hätte ihnen um alles in der Welt nicht sagen mögen, daß ich das Kind schon kannte. Es lächelte mir zu. Und ich vergaß, daß ich eigentlich hungrig und durstig und müde war.

Seit diesem Tag sagen die Hirten, sooft der Zorn und die Ungeduld mich packen: »Mußt Öl holen, Matti . . .«, dann stecke ich die Fäuste in die Taschen und kehre mich um. Sie machen ihren Spaß, die jungen Burschen. Was wissen sie von jener einzigen, längst vergangenen Nacht, als ich wirklich Öl holen ging?

»Kennst du noch mehr Geschichten, Matti?« fragte Pit nach einer Weile.

»O ja«, antwortete ich.

»Von Räubern und Wölfen?«

»Freilich.«

»Und welches ist deine schönste Geschichte, Matti?«

»Die ich eben erzählte.«

Es war so still, daß man das Ticken der Wanduhr hörte. Und noch etwas, ein leises Zischen und Brutzeln.
»Herrje, der Bratapfel!« Großvater Thies legte das Messer weg und brachte Pit das braune, knusprige Ding. »Wird Zeit, daß du auf die Beine kommst. Übermorgen ist Heiligabend.«
»Was wünschst du dir, Großvater?« fragte Pit.
»Hm«, antwortete der Alte.
»Daß du nach Hause kommst?«
»Wäre nicht übel, Junge. Ist aber ein weiter Weg.«
»Matti hat auch einen weiten Weg gehabt. Zuletzt kam er doch an die Krippe nach Betlehem.«
Der Großvater wußte nicht recht, was der Junge meinte. Offenbar hatte er meine Geschichte nicht gehört. »Nach Betlehem«, sagte er, »käme ich leichter als nach Hause.«
»Oho«, erwiderte Pit, der den Bratapfel verspeist hatte und sich die Finger leckte, »da können wir gleich losgehen!«
»Sachte. Zuerst muß ich nach Knesebeck«, meinte Thies, »Besen verkaufen. Sonst haben wir kein Geld für die Reise.«
Pit überlegte. So einfach, wie er meinte, war die Sache wohl nicht.
»Und wie willst du den Weg nach Betlehem finden?« fragte der Großvater. »Bin doch kein Weiser aus Morgenland.«
»Möchtest, daß du einer wärst?«
»Warum?«
»Dann sähst den Stern immer, Tag und Nacht, Großvater. Kämst bestimmt nach Betlehem. Vielleicht auch nach Hause.«
»Ja«, sagte der Alte, »da möchte ich schon ein König aus Morgenland sein.«
»Ein schwarzer?«
Großvater Thies lachte. »Wenn ich heimkäme, meinetwegen auch schwarz.«

»Was ist das: heim, Großvater?«
»Schlesien.«
»Liegt das weit von Betlehem?«
Der Alte schwieg. »Wie man's nimmt«, sagte er leise.
Ich hörte kopfschüttelnd zu. Nicht mal wir Hirten auf dem Feld führen so wunderliche Gespräche.
Die Nacht kam. Dann der Arzt. Dann wurde es wieder Tag. Großvater Thies packte die Besen, die er fertiggebunden hatte, in den Schuppen. Jedesmal, wenn er zurückkam, klopfte er weiße Batzen von den Füßen.
»So viel Schnee!« rief Pit. »Arko, wollen wir Schlitten fahren?«
Der Hund sprang zur Tür und kratzte am Holz.
»Da kommt wer«, rief Pit.
Die Tür öffnete sich, eine Elster flog herein und setzte sich mit drei wundervollen Verbeugungen auf den Bettpfosten.
»Erx!« rief Pit. »Zilla!«
Das Mädchen trug etwas in der Hand, das in Sternpapier eingewickelt war.
»Der Weise aus Morgenland!« schrie Pit übermütig.
»Hör mal«, sagte Zilla, »du bist doch nicht mehr krank?«
»I wo«, sagte Pit, »nur noch ein halbes bißchen.« Dann schrie er wieder: »Pack aus, Zilla! Ich will sehen, ob es der Schwarze ist!«
»Vorsicht!« sagte das Mädchen.
Nein, es war nicht der Schwarze. Es war der junge, rotbäckige, prächtig gekleidete Mann, der eine Krone aus hellem Silber trägt. Und der Bart am Kinn ist auch hell. Und das Kamel, auf dem er reitet, hat eine Glocke am Hals.
»Gruß von Tante Filzschuh«, sagte Zilla. Sie blies ein Flöckchen Holzwolle vom blauen Mantel des Weisen. Dann stellte sie ihn auf den Reisekoffer.

Pit rief: »Tante Filzschuh soll leben!« Er tippte den Weisen an, leicht, mit dem Zeigefinger. »Erzähle! Eine Geschichte vom Stern!«
Der Weise schwieg, als er die Armut sah, den hölzernen, abgewetzten Tisch, das Sofa aus brüchigem Wachstuch, die dünnen, vom Tabakrauch gebräunten Gardinen.
»Ist viel zu hell zum Erzählen«, sagte Zilla. »Warte, bis es Abend wird.« Sie gab dem Kranken die Hand. »Tschüs, Pit. Soll ich Kardorf grüßen?«
»Ja, tu man«, sagte Pit.
»Noch was?« fragte Zilla, ehe sie zur Tür ging.
Pit zögerte. »Das muß ich dir ins Ohr sagen, Zilla.«
Sie beugte sich über das Bett. Pit sah nur das Haar und Zillas sommersprossiges Ohr. Er flüsterte: »Braucht ihr nicht einen Besen? Vielleicht als Weihnachtsgeschenk?«
Das Mädchen lachte: »Nee, was denkst du! So komische Geschenke!«
Pit schluckte. Er sagte fast kein Wort mehr bis zum Abend. Der Junge erbarmte mich, wenn ich auch seinen Kummer nicht verstand. Ich knuffte den Weisen sanft in den Rücken. »He, du, willst du ihm nicht eine Geschichte erzählen?«
»Tut mir leid«, sagte der junge Weise, »ich kenne keine großartigen Geschichten.«
»Es braucht keine großartige zu sein«, erwiderte ich. »Du merkst doch, daß der Junge Kummer hat. Vielleicht heiterst du ihn ein wenig auf?«
»Ja, das könnte ich«, sagte der rotbäckige, prächtig gekleidete Mann. »Ist es nicht lustig, wenn ein Kamel klüger ist als ein Weiser?«
»Das wohl«, sagte ich, »doch ist mir dergleichen nie begegnet.«
»Aber mir«, sagte der Weise. »Hör zu ...«
Und damit fängt die nächste Geschichte an.

Die elfte Geschichte erzählt Kaspar, der junge Weise

Hochmut hat keinen Stern

Ich bin Kaspar, einer der Weisen aus Morgenland, doch ich schäme mich, wenn ich daran denke, wie unerfahren und hochmütig ich damals, zu Beginn unserer Reise, gewesen bin. Sooft ich mich im Spiegel betrachtete – ich tat das in meiner Eitelkeit gern –, sah ich, daß die Haut frisch und rosig war, die Augen voller Glanz. Zudem glitzerte der Widerschein des Ruhmes, der mir zuteil geworden war, im hellen, geschliffenen Glas – ich wendete den Blick, beugte mich nur wenig im Sattel und nahm Abschied von den Freunden.
Mir allein war die Ehre zuteil geworden, dem Stern, der hoch und kalt über unseren Häuptern stand, zu folgen. »Du hast ihn entdeckt«, sagten die, welche mich willig, doch nicht ohne Neid ziehen ließen, »du bist von Gott auserwählt, den lange geweissagten König zu begrüßen.« Die Freunde ließen den purpurnen, reichbestickten Zaum des Kamels fahren, blieben zurück und winkten.
Ich richtete mich stolz auf. Ich dachte an die Krone auf meinem Haupt, an die goldenen Geschenke, die ich in der Satteltasche trug. Und ich sann darüber nach, wie jung ich war und doch schon unterwegs zum neugeborenen Herrn der Welt.
Ohne Umweg strebte ich dem Ort zu, wo ich den beiden anderen Weisen begegnen sollte. Es erstaunte mich keineswegs, daß ich zuerst am verabredeten Treffpunkt ankam, doch meine Ungeduld wuchs von Stunde zu Stunde. Zornig reckte ich den Kopf und rief: »Warum läßt

man mich hier unnütz warten? Die Zeit eilt. Wir werden zu spät am Ziel sein.«
Der Stern zeigte jetzt einen milden Glanz. Hätte mein Stolz mich nicht taub und blind gemacht, ich hätte schon damals verstanden, daß der Stern mich warnen wollte.
»Niemand ist weise, der nicht zugleich demütig und geduldig ist«, sagte der Stern. Allein, ich schlug die Warnung in den Wind.
Als ich den zweiten Weisen begrüßte, neigte ich kaum den Kopf. Wohl trug auch er eine Krone im Haar, doch dieses Haar war schneeweiß, sein Gesicht faltig und alt. Seine Sprache war langsam, seine Haltung gebückt. »Ich bin Balthasar«, sagte er, »ich wohne jenseits der großen Wälder. Mein Weg war lang und beschwerlich, doch der Stern hat mich geführt. Dem Herrn sei Dank.«
»Seid Ihr nicht viel zu gebrechlich für eine so weite Reise?« fragte ich.
»Das wohl«, erwiderte Balthasar. »Ich selber wäre nicht kühn genug gewesen, sie zu unternehmen.«
»Wer befahl Euch, zu reiten?«
»Der gleiche, der auch dir den Befehl gab«, sagte Balthasar und neigte das greise Haupt.
»Sollten wir nicht drei sein?« fuhr ich ungeduldig fort.
»Laß uns warten, lieber Bruder Kaspar.«
Als der dritte Weise endlich erschien, vermochte ich Zorn und Mißachtung nicht mehr zu verbergen. Er war ein Mann in mittleren Jahren, breitschultrig und untersetzt. Behend sprang er vom Reittier, verneigte das von einem roten Turban umschlossene Haupt und kreuzte die Hände vor der Brust.
Dies alles mochte angehen. Melchior, so hieß der Weggefährte, kam aus der heißen, wasserlosen Wüste. Dort lebte er in einer Lehmhütte, unter einem Dach aus Palmblättern. Er war ein munterer, redseliger Bursche und hatte offensichtlich gute Manieren. Jedoch seine Haut

war schwarz! Selbst die Innenflächen der Hände erwiesen sich dunkler als gewöhnlich, ebenso die Ohren und die knollige Nase. Sooft er den Turban absetzte, kam kräuseliges, gleichfalls schwarzes Haar zum Vorschein. Seine nackten, schwarzen Füße steckten in roten, geschnäbelten Pantoffeln. Selbst die Zehen waren schwarz.

»Gott grüß dich, Bruder«, sagte Melchior treuherzig und bot mir die Hand.

Ich starrte auf seine wulstigen, korallenroten Lippen, und obwohl Balthasar, der Alte, mir aufmunternd zunickte, ergriff ich die Hand des Schwarzen nicht.

»Vorwärts«, sagte ich schroff, »laßt uns aufbrechen. Möge der Stern sich nicht verfinstern vor so viel seltsamer Erwählung!«

Heute schäme ich mich, wenn ich daran denke, wie hart und selbstherrlich ich die Gefährten behandelte. Sooft sie ein Gespräch anknüpfen wollten, wendete ich den Kopf zur Seite. Im Quartier vermied ich, am gleichen Tisch zu sitzen. Sie nahmen die Kränkungen geduldig hin, besonders der alte Balthasar, der nur von Zeit zu Zeit verlegen lächelnd den Kopf schüttelte. Melchior, der meinen Sinn von unverstandener Trauer umdüstert glaubte, versuchte unermüdlich, mich aufzuheitern. Er sang mit tiefer, volltönender Stimme, er pfiff und lockte die Tiere des Waldes herbei, er ließ die Augäpfel rollen und schnitt Grimassen.

Ich tat, als bemerkte ich dies alles nicht. Mein Herz verhärtete sich mehr und mehr. Zuletzt beschloß ich, mich von den Gefährten zu trennen und den Weg allein fortzusetzen.

Eines Morgens stand ich heimlich vom Lager auf, zog das Reittier, ein altes, erfahrenes, aber noch kräftiges Kamel, aus dem Pferch und ritt in rascher Gangart davon.

Gegen Abend kam ich in einen finsteren Wald, es begann zu schneien, und ich blickte zum ersten Mal nach dem Stern aus, der bis dahin groß

und strahlend am Himmel gestanden hatte. Ich erschrak und ruckte am Zügel.
»Was ist?« fragte das Kamel, das im Trott geschlafen hatte, wie solche Tiere oft tun.
»Der Stern ist fort«, sagte ich.
»Mag sein«, antwortete das Kamel gleichmütig. »Warten wir ab, bis es zu stöbern aufhört.«
»Mitten in der Nacht? In diesem finsteren Wald?«
»Fürchtest du dich etwa?« fragte das Kamel.
Ich wollte nicht eingestehen, noch dazu vor einem Kamel, daß die Brust mir eng war. Deshalb tat ich, als läge mir nur daran, die verlorene Richtung wiederzufinden.
»Frage Balthasar«, sagte das Kamel und ließ sich auf die Vorderbeine nieder. Das bedeutete, daß ich absteigen sollte.
»Balthasar? Der ist leider nicht hier«, antwortete ich gereizt.
»Schade«, sagte das Kamel, »der Alte kannte sich in den Wegen aus.«
Als ob ich weniger erfahren als der Weißkopf wäre!
»Ich glaube, die Flocken werden dünner«, sagte das Kamel.
Ich hüllte mich in den Reitpelz ein und wartete schweigend. Bald hörte der Schneefall auf, wie das Kamel es vorausgesagt hatte.
»Siehst du den Himmel?« fragte das Kamel.
O, wie sollte ich den Himmel nicht sehen! Klar und kalt spannte er sich über den Schneewipfeln, und obwohl ich nur ein winziges Stück Himmel sah, nicht viel größer als meine Hand, so hatten doch unzählige glitzernde Sterne darin Platz. Auch der große, weißstrahlende Stern, der uns den Weg anzeigte und den wir »Stern des Königs« nannten, hätte in diesem Stück Himmel Platz gehabt, zu leuchten und den finsteren Wald zu erhellen.
»Nun, was ist mit dem Stern?« fragte das Kamel hartnäckig.
»Ich sehe ihn nicht. Er muß vom Himmel gefallen sein.«

Das Kamel zog die dicke Unterlippe herab und ließ die gelben, vom Speichel feuchten Zähne sehen. Wenn Kamele dies tun, so lächeln sie. »Vielleicht hat Melchior den Stern aufgefangen, er ist unglaublich geschickt«, sagte das Kamel und blickte in die Runde, wo es nichts als Bäume gab, und Schnee und Dunkelheit und Wind.

»Ungemütlich«, sagte das Kamel, indem es mir einen vorwurfsvollen Blick zuwarf.

»Wir werden den Weg auf eigene Faust suchen«, erwiderte ich trotzig.

»Einverstanden«, antwortete das Kamel. »Ich gehe links, du rechts. Vielleicht haben wir Glück auf diese Weise.«

»Nichts da«, sagte ich, »wir bleiben beisammen.« Wie konnte ich mich von dem Tier trennen, jetzt, in Kälte und Finsternis! Zum ersten Mal gedachte ich der Gefährten und wie leichtfertig ich sie im Stich gelassen hatte. Doch da ich wußte, daß Kamele oftmals eine besondere Witterung haben, ging ich schließlich auf den Vorschlag des Tieres ein.

»Bleib hier stehen«, sagte das Kamel. »Sobald ich einen Pfad oder ein Haus gefunden habe, komme ich zurück.«

Ich nickte. Ich sah, wie das große, grauzottige Tier zwischen den Stämmen verschwand. Ich fror und hörte die Hunde bellen in fernen Dörfern. Ein Fuchs schlich an mir vorüber. Je weiter die Nacht fortschritt, um so verzweifelter wurde mir zumute. Vergebens wartete ich auf die Rückkehr des Kamels. Womöglich war es im Stehen eingeschlafen.

Lange nach Mitternacht machte ich mich auf den Weg. Mühsam stapfte ich durch den kniehohen Schnee. Ich irrte dahin und dorthin. Zuletzt fand ich die eigene Spur wieder und sah, daß ich mich im Kreis bewegt hatte. Ich stand, an einen Baum gelehnt, keuchend vor Erschöpfung.

Da sah ich ein Licht, beileibe keinen Stern, nicht mal einen von den

winzigen, namenlosen, die ich bisher verachtet hatte, nein, das Licht glummte, kaum sichtbar, zwischen den Stämmen. Ich fand ein niederes Haus, dessen Dach mit Schindeln gedeckt war. An der Tür lehnte ein mächtiger Köhlerbaum.
»Komm herein«, rief der Köhler, als ich klopfte. Er war ein großer, breitschultriger Mann. Die Augen funkelten unter buschigen Brauen, die Zähne blitzten.
»Nein«, sagte er, »den Weg kann ich dir nicht zeigen. Auch den Stern, von dem du faselst, habe ich nicht gesehen. Trotzdem bist du hier in der richtigen Schmiede.« Damit stieß er mich freundschaftlich über die Schwelle in den Schnee hinaus und drückte mir einen rußgeschwärzten Schürhaken in die Hand.
»Was soll das?« fragte ich erschrocken und nicht ohne Trotz, denn die respektlose Anrede des Köhlers ärgerte mich.
»Arbeiten sollst du«, sagte der Köhler. Er wies auf den gewaltigen Meiler, der schwarz und dampfend zwischen den Fichten stand.
»Ihr irrt, lieber Mann«, entgegnete ich. »Man hat mich auserwählt, einen neugeborenen König zu begrüßen. Für Euer Ansinnen habe ich keine Zeit.«
Der Köhler starrte mich drohend an. »Nur bis ans Ende der Nacht«, sagte er, »sollst du mir helfen. Sonst kommst du nie aus diesem Wald heraus.«
Wohl oder übel mußte ich mich den Anordnungen des grobschlächtigen Mannes fügen. Er befahl mir, Holzstücke herbeizuschleppen. Es war eine saure, ungewohnte Arbeit. Bald schmerzte der Rücken, als wollte er zerbrechen. Die Knie zitterten, die Hände wurden harzig und rauh.
»Nicht übel«, sagte der Köhler. Ich konnte jedoch nicht verhindern, daß der Saum meines prächtigen Gewandes zerriß. Auch das seidene Schultertuch war erbärmlich zugerichtet.

»Nun sollst du Holzkohlen schichten«, befahl der Köhler.
Ich blickte sehnsüchtig nach dem ersten Tagesschimmer aus, doch die Nacht war so unendlich lang, wie ich zuvor keine erlebt hatte. Ich kniete vor dem offenen Meiler und scharrte die Kohlen hervor. Recht geschieht dir, dachte ich, weshalb bist du so eitel und hochmütig. Ich spürte, wie Tränen der Reue über die Wangen flossen.
Noch immer kniend, hörte ich plötzlich eine vertraute Stimme. »Da bist du ja, mein Lieber. He, höchste Zeit, daß wir uns auf den Weg machen!«
Neben mir stand das Kamel, es ließ die Unterlippe hängen und lächelte. »Der Köhler hat es erlaubt«, sagte das Kamel, »du kannst gehen.«
»Und wo ist Balthasar? Und Melchior?«
»Ich habe sie gefunden«, erwiderte das Kamel. »Sie werden gleich hier sein.«
Ächzend erhob ich mich. Ich versuchte, das Zittern der Knie zu verbergen, doch es gelang mir nicht.
»Wie ein alter Mann siehst du aus«, sagte das Kamel. Es betrachtete mich gleichmütig und bleckte wiederum die Zähne. »Wo ist der silberne Kronreif?«
»Verloren«, antwortete ich.
»Und die goldbestickten Schuhe?«
»Im Schnee.«
»Hm«, sagte das Kamel, »man könnte dich fast für einen Mohren halten, wenn man das schwarze Gesicht, die schwarzen Hände und Füße betrachtet.«
Da wußte ich, daß dies die Strafe für meinen Hochmut war. Ich wagte nicht, nach dem Stern zu fragen.
Das Kamel ließ sich in den Schnee nieder. »Steig auf, so wie du bist«, sagte es, »das ist nur äußerlich.«

Plötzlich hob es den Kopf. »Dort, siehst du?«
Ich blickte nach oben und sah zwischen den Wipfeln ein Stück Himmel, grau vor Dämmerung. Doch in dem blassen, morgendlichen Grau funkelte es groß und hell.
»Der Stern«, sagte ich leise.
Es dauerte nicht lange, da kamen wir an das Ende des Waldes, wo Balthasar und Melchior auf mich warteten. Sie waren hocherfreut, wieder mit mir vereint zu sein, »denn zwei Weise aus Morgenland«, sagte Balthasar, »das ist gegen jedes Herkommen. Es müssen schon drei sein, drei ist eine gute Zahl.« Und Melchior fügte lachend hinzu, indem er eine Handvoll Schnee raffte, er werde mir das Gesicht und die Hände und die Füße waschen, damit ich rein und königlich sei wie zuvor. »Willst du?« fragte er zögernd.
»Ja, Bruder«, antwortete ich.
Am gleichen Tag kamen wir nach Betlehem.

Die zwölfte und letzte Geschichte erzählt Großvater Thies

Alle Welt braucht Besen

Da stehen sie nun, die Krippenmänner. Fünf handgroße Figuren, kunstfertig geschnitzt und bemalt, daß es fast aussieht, als wären sie lebendig. Ich habe sie allesamt auf den alten, ausgedienten Reisekoffer gestellt, der aus Sperrholz gemacht ist, mit blechernen Beschlägen.
»Siehst du nun, Großvater, daß der Soldat rote Handschuhe trägt?« fragt Pit rechthaberisch.
Ich sehe es wohl, doch ich glaube, das ist nicht in Ordnung, selbst im Heer des Kaisers Augustus nicht.
»Die sind doch von seiner Mutter gestrickt«, sagt Pit.
»Woher weißt du das, Bengel?«
Pit blickt mich ärgerlich an, als lohne es sich kaum, einem ungläubigen Alten die Sache begreiflich zu machen.
»Hat er es dir erzählt?« frage ich und gebe mir Mühe, nicht zu lächeln.
Pits Augen sind groß und ernsthaft. O, Pit glaubt wirklich, daß die Krippenmänner ihm Geschichten erzählen. Deshalb muß ich den Reisekoffer dicht ans Bett schieben, besonders wenn der Junge allein ist, und das geschieht jetzt häufig.
»Hast du keine Angst?« frage ich, sooft ich die Reiserbesen auf den Handwagen packe und den Soldatenmantel umhänge.
»Nein«, antwortet Pit, »kein bißchen Angst.«
»Soll ich Arko im Haus lassen?«
Pit schüttelt den Kopf, obwohl ich weiß, daß er sich gern mit Arko

unterhält. Er tut, als verstünde er die Hundesprache. Manchmal sieht es wirklich so aus, als sprächen sie miteinander.

»Nimm ihn nur«, sagt Pit, »Arko hat eine Belohnung verdient.«

Damit meint er die aufregende Sache bei Kardorf, die ich noch immer nicht ganz verstehe. Pit behauptet, wenn Arko nicht gewesen wäre und Sprenkels Elster, dann säße Herr Nottebohm heute auf einem Trümmerhaufen. Und vielleicht, sagt er, fände der hochnäsige Nottebohm Glut genug in der Asche, um sich eine Zigarette anzuzünden. Ich weiß nicht, was er gegen den Geschäftsleiter hat. Soviel ich von Sprenkel höre, sorgt Nottebohm gewissenhaft für seine Angestellten. Jeden Tag, wenn Sprenkel ihn nach oben befördert, erkundigt er sich nach Pit, und ob er noch Fieber hat. Ich meine, das genügt für einen vielbeschäftigten Herrn. Können doch nicht alle so großartig sein wie Tante Filzschuh!

»Was meinst du? Ob Tante Filzschuh mir noch einen Krippenmann schickt?«

»Nicht doch«, erwidere ich, »Tante Filzschuh hat Wichtigeres zu tun, als dir Geschenke zu machen. Und ich glaube, du sprächst nicht so unbescheiden, wenn du kein Fieber hättest.«

»Sind sie nicht viel schöner als im Katalog?« fragt Pit.

»O ja, besonders der mit dem wilden, schwarzen Bart.«

»Das ist der Räuber Kolle Kunkel.«

»Hat er auch eine Geschichte erzählt?«

Pit blickt mich verächtlich an. »Du glaubst es ja doch nicht, Großvater.«

»Nun, nun«, murmele ich, »warum soll ich nicht glauben, daß ein Räuber Geschichten erzählt? Wird wohl schaurig sein und zum Fürchten ...«

»Nein«, sagt Pit, »Kolle Kunkel hat mir eine wunderhübsche Geschichte erzählt. Willst du sie hören, Großvater?«

»Keine Zeit, Junge. Muß mein Glück noch mal versuchen . . .«
»Sind die Bauern arg geizig?«
»Hm, geizig nicht gerade. Aber sie brauchen nun mal keine Besen.«
»Warum nicht?«
»Meist haben sie schon einen.«
»Woher?«
»Von Kardorf zum Beispiel.«
»Verkauft der auch Besen?«
»Warum nicht? Kardorf verkauft alles.«
»Billiger?«
»Zwei Groschen billiger.«
Pit schweigt. Dann sagt er: »Jetzt weiß ich, was ich mir von Nottebohm hätte wünschen sollen.«
»Was wohl?«
»Daß er keine Besen verkauft.«
Ich lache, und das ist das Beste an Pits Flausen. Meist ist unsereinem nicht nach Lachen zumute. Die Wege sind weit und beschwerlich. Manchmal bringe ich fast alle Besen wieder nach Hause. Ich verstecke sie im Schuppen, damit Pit nicht merkt, wie schlecht das Geschäft geht. Wer soll die Arztrechnung bezahlen? Gottlob ist der Junge fast wohlauf, doch ich weiß nicht, was ich ihm schenken soll. Morgen ist Heiligabend. Man darf gar nicht daran denken, wie es früher war: das Haus voller Backwerkduft, die Stimmen der Frau, der Kinder, die warme Stube, die Heimlichkeit. Verflixt noch mal, muß denn alles traurig und dunkel sein auf der Welt?
Ja, so fing der Tag vor Heiligabend an. Das Licht hing fahl in den Fenstern. Pit saß aufrecht im Bett und starrte zur Tür, als erwarte er jemanden. Wie blaß und schmal sein Gesicht war!
Ich rappelte die Asche ins Loch und zündete Feuer an. »Was hast du dir eigentlich von Nottebohm gewünscht?« fragte ich, weil der Junge

mir leid tat und weil ich dachte, ich erführe vielleicht, was ich ihm schenken kann.
»Das verrate ich nicht«, sagte Pit, ohne den Kopf von der Tür zu wenden.
Dann klopfte wirklich jemand. Es war Zilla Sprenkel, und was sie sagte, klang wunderlich genug. »Wir brauchen schnell mal einen Besen«, sagte sie. Es kam nicht häufig vor, daß die Sprenkels etwas leihen wollten.
»Nimm, dort in der Ecke«, sagte ich und blies die Glut an.
»Nein, kaufen«, sagte Zilla.
Ich muß wohl ein dummes Gesicht gemacht haben, wie ich da vor dem Ofenloch kniete.
»Da ist das Geld«, sagte Zilla. Sie legte es auf den Tisch, als wäre es nichts Besonderes, wenn die Besenkunden ins Haus kommen und kaufen.
Ich suchte das beste Stück heraus, einen schlanken Stiel mit vollen, kräftigen Reisern. Dabei zählte ich den Vorrat im Schuppen. Alles in allem hätte ich ein hübsches Stück Geld machen können, und vielleicht möchte es gar für einen von Pits Wünschen gereicht haben.
»Das ist aber eine komische Krippe«, sagte Zilla und warf ihren Pferdeschwanz nach hinten. Dabei tippte sie auf die Zündholzschachtel, die Pit vor die Füße des Hirten Matti gelegt hatte.
»Ich habe keine andere«, sagte Pit.
»Und warum trägt der Hirt einen Krug?« redete Zilla unbekümmert weiter.
»Weil er Öl holen muß«, antwortete Pit, »Öl für die Laterne.«
»Holt er das beim Kaufmann Budensiek?«
»Nein, bei einem anderen Kaufmann. Aber der fand den Schlüssel zum Speicher nicht, und der Schmied mußte einen neuen Schlüssel machen.«

»Mitten in der Nacht?« Zilla schüttelte ungläubig den Kopf. »Woher weißt du das?«
»Matti hat es mir erzählt.«
»Und der Wirt? Hat der auch etwas erzählt?«
»Ja. Er ist blind auf dem linken Auge.«
Zilla beugte sich tief herab. »Sieht man nicht«, sagte sie zweifelnd.
»Und der Weise aus Morgenland?«
»Der war hochmütig und verlor den Stern.«
»Hat er ihn jetzt wieder?«
»Ja. Sonst wäre er doch nicht bei der Krippe.«
»Bei der Zündholzschachtel«, sagte Zilla und lachte.
Pit blickte das Mädchen böse an. Warum wollte sie nicht glauben, was die Krippenmänner ihm erzählt hatten? Und die Zündholzschachtel, konnte sie zur Not nicht eine Krippe vorstellen?
»Wo sind die beiden anderen Weisen?« forschte Zilla.
»Sie kommen später«, antwortete Pit. Er drehte sich zur Wand. Er wollte die dummen Fragen nicht hören. Der Junge tat mir leid.
»Hier ist der Besen, Zilla«, sagte ich, »und das Geld kannst du wieder mitnehmen. Ich schenke den Besen, hörst du? Zu Weihnachten.«
»Nein, nein«, sagte Zilla, »wir brauchen ihn doch wirklich!« Sie nahm den Besen, knixte und verschwand.
Und als ob Zilla eine unsichtbare Schranke weggeräumt hätte: Von nun an wußte das Glück wahrhaftig, wo wir wohnen, und es kam – wie die Weisen nach Betlehem – mit kostbaren und merkwürdigen Geschenken.
Der nächste, der den Weg fand, war der Kaufmann Budensiek. Das heißt, er kam nicht selber, er schickte den Laufjungen, und der sagte, er solle das Paket hier abgeben. »Bei Familie Thies«, sagte er, als ob wir eine richtige Familie wären! Dabei zeigte er auf einen großen Persilkarton, der mit Kordel verschnürt war.

»Habe nichts bestellt«, sagte ich schroff. Womit hätte ich einen Karton voll Ware bezahlen sollen?
»Herr Budensiek sagt, Sie könnten es ja verrechnen. Hier ist die Quittung.« Der Laufjunge zog ein Papier aus der Manteltasche und überreichte es mit einer leichten Verbeugung. Budensiek hatte ihm feine Manieren beigebracht.
»Lies doch vor, Großvater«, sagte Pit, während Arko neugierig am Persilkarton schnupperte.
Ich faltete das Papier auseinander. Was gab es da alles! Butter und Käse und Wurst und Christbaumschmuck und Pfefferkuchen ... Ich buchstabierte, bis die Schrift vor meinen Augen tanzte.
»Und was kostet es?« fragte Pit mißtrauisch. Er wußte genau, daß wir so viele Herrlichkeiten niemals bezahlen konnten.
»Anderthalb Dutzend Besen«, sagte ich. So stand es auf dem Papier! Anderthalb Dutzend Besen wollte der Kaufmann Budensiek haben für den Karton und alles, was darin war.
»Hast du so viele Besen?« fragte Pit hastig. Er fürchtete, wir müßten den Persilkarton zurückschicken.
Ich beruhigte ihn. »Jawohl, so viele habe ich. Und noch ein paar mehr.«
Pit seufzte erleichtert. Die Röte schoß in sein mageres Gesicht.
Auch der Laufjunge lächelte und vergaß, die Nase zu schneuzen. »Ich nehme die Besen gleich mit«, sagte er.
Während wir noch im Hof hantierten, kam Schubkarrenjakob. Ob wir einen Christbaum hätten, fragte er. Wenn nicht, so habe er einen für uns zurückgestellt. Keinen großartigen, Weißtanne oder so, nein, wir müßten mit einer kleinen Fichte vorliebnehmen.
»Kommt nicht in Frage«, sagte ich. So gut das von Schubkarrenjakob gemeint war, schließlich hatten wir es bisher allein geschafft, und man durfte uns nicht zu den Bettelleuten rechnen!

»Sollt es ja nicht geschenkt nehmen«, brummelte Schubkarrenjakob. »Nur weil der Junge krank ist und Ihr vielleicht andere Gedanken im Kopf habt, Großvater Thies. Ist ohnehin ein kleines, mickriges Bäumchen. Ich bliebe gewiß darauf sitzen, wenn Ihr es nicht haben wollt.«
»Was soll's kosten?«
Schubkarrenjakob rieb die Faust am Knie, wie er stets tat, wenn er in Verlegenheit war. Dann sagte er, indem er den Blick durch den Schuppen schweifen ließ: »Ihr habt da schöne Reiserbesen. Wenn Ihr mir einen dafür geben wollt . . .«
Pit machte große Augen, als es nachmittags an die Tür klopfte und das Christbäumchen hereingeschoben wurde, das übrigens viel stattlicher war, als man nach Schubkarrenjakobs Beschreibung annehmen konnte.
»Ist das wirklich für uns?« fragte Pit.
»Jawohl, und nur, weil du krank bist.«
»Siehst du, Großvater«, sagte Pit, »eine Krankheit hat auch ihr Gutes.« Nach einer Weile fragte er: »Ist er bezahlt, der Baum?«
»Freilich«, sagte ich, »alle Welt braucht Besen.« Pit starrte mich verschmitzt an und behauptete, ich hätte gelacht.
Niemals hätte ich geglaubt, daß ich an jenem grauen, schneeverhangenen Tag lachen würde.
»Bezahlen wir den Arzt auch mit Reiserbesen?« fragte Pit, der in übermütiger Stimmung war.
»Vielleicht. Heute ist alles möglich.« Ich hätte mich nicht gewundert, wenn Herr Nottebohm persönlich erschienen wäre, um mir den ganzen Vorrat, wie er im Schuppen stand, Stück für Stück abzukaufen.
Es war aber nicht Herr Nottebohm, der gegen Mittag, als es zu schneien aufhörte, in die Baracke trat. Herr Nottebohm erschien erst nach Geschäftsschluß, zusammen mit Tante Filzschuh – doch das erzähle ich später.

Jetzt kam Bäcker Rockstroh. Er trug wie stets einen grauen Kittel, der aussah, als wäre er mit Mehl bestreut. Auch seine Haare waren grau, ebenso der Schnurrbart und das dicke, faltenlose Gesicht. Er wäre zufällig hier vorbeigekommen, sagte er, verlegen lächelnd, da wolle er doch nachschauen, wie es dem Jungen gehe, dem Pit.
»Woher wissen Sie, daß ich krank bin?« fragte Pit argwöhnisch vom Bett her.
»Es hat in der Zeitung gestanden«, sagte der Bäcker.
»Wie? Daß ich krank bin?«
»Jawohl. Und daß ihr beide, Zilla und du, das Kaufhaus Kardorf gerettet habt.«
»Gerettet? Stand das drin?«
»Klar. Entspricht ja den Tatsachen. Oder?« Der Bäcker musterte schnaufend die Krippenmänner und schielte dabei zu Pits Bett hinüber.
»Steht auch etwas von Arko und Erx in der Zeitung?«
Der Bäcker zuckte die Achseln. Das wußte er nicht. »Gute Besserung«, sagte er. Das war alles. Rockstroh ging zur Tür, er hatte es eilig. Auf der Schwelle wendete er sich noch mal um. »Was ich sagen wollte: Ihr verkauft Besen, Meister Thies?«
Tatsächlich, ich hatte es nicht anders erwartet! An jenem Tag konnte uns nur Gutes begegnen.
Dabei hatte er so grau und erbärmlich begonnen wie alle anderen Tage.
»Habt Ihr einen oder zwei Besen übrig?« fragte Rockstroh. »Man braucht die Dinger ja. Für die Backstube und die Mehlkammer . . .«
»Können Sie kriegen, Herr Rockstroh«, antwortete Pit großmütig.
Rockstroh druckste. »Und wie wäre es mit ein paar Christstollen? Ich meine, als Bezahlung für die Reiserbesen . . .«
Er nahm die Besen gleich mit. Eine halbe Stunde später schickte er

zwei große Christstollen ins Haus. Sie waren frisch und dufteten nach Mandeln, Zitronat, Rosinen.
Bei soviel glückhaften Umständen ist es wohl zu entschuldigen, wenn der Übermut selbst einen alten, abgebrühten Mann packt. Wenn ich ehrlich sein soll, es wuselte mir in den Fußsohlen, alle Enttäuschungen waren vergessen. Ich hatte nichts Geringeres vor, als den lieben Gott auf die Probe zu stellen. Wollen doch mal sehen, dachte ich, ob er diese großartige Glückssträhne abreißen läßt!
Ja, so ist der Mensch. Kaum hat er den Kopf über Wasser, sieht er Schiffe mit goldenen Schornsteinen.
»Wohin willst du, Großvater?« fragte Pit erstaunt, als ich den Mantel anzog.
»Über Land.«
Pit legte die Stirn in Falten und stellte den Krippenmann – ich glaube, es war der hochmütige, junge Weise – auf den Koffer zurück. »Hast du nicht genug verkauft, für heute?«
»Das wohl. Aber man könnte den Rest ebenfalls loswerden, wenn man es geschickt anfängt.«
Pit seufzte. Er hat es nicht gern, wenn ich lange fortbleibe. Überdies war meine Unternehmungslust ihm unheimlich.
»Nur ins nächste Dorf«, sagte ich beschwichtigend. »In einer Stunde bin ich zurück.«
Es wurde ein Weg von zwei oder drei Stunden. Das kam daher, weil in Ellershausen niemand einen Reiserbesen brauchte. »Tut uns leid, Alter«, sagten die Bauersfrauen, »doch heute haben wir keine Zeit«, damit schlugen sie die Tür zu. Nicht viel anders erging es mir in Lenglern und Knesebeck. Überall roch es nach Geschlachtetem oder Gebackenem. Arko ergatterte ein paar Knochen und ließ merken, er wäre noch nie so zufrieden mit meinem Handel gewesen.
Für mich lag die Sache anders. Ich gestehe, daß ich recht beschämt

heimwärts zog. Ich brachte es auch nicht fertig, den Jungen zu belügen. Er hätte mir die Enttäuschung ohnehin angesehen.
»Ärgere dich nicht, Großvater«, sagte er. »Nach Weihnachten gehen wir zusammen.«
Ich war müde und hungrig. Arko lag in der Kiste und schlief. Es war dunkel in der Baracke. Nur das Schneelicht fiel trübe herein.
Plötzlich hob der Hund den struppigen Kopf. Er blaffte halblaut.
»Ein Auto«, sagte Pit.
Die Scheinwerfer schnitten einen schrägen Glanz ins Zimmer. Dann hörten wir das Schlagen der Autotür. Arko blieb jedoch friedlich, weil er faul und satt war. Oder kannte er die Besucher?
Auf der Schwelle erschien eine kleine, rundliche Person im Plüschmantel. Sie hatte ein gelbes, faltiges Gesicht, ihre Augen blinkerten hinter scharfen Brillengläsern.
»Tante Filzschuh!« rief Pit überrascht, doch er wurde rot bis über die Ohren und verstummte.
»Macht nichts«, sagte Tante Filzschuh, die Pits Verlegenheit bemerkte. »Ich weiß, daß dies mein Spitzname ist. Hauptsache, dir geht es besser, Jungchen!« Sie war mit ein paar Schritten neben dem Bett und tätschelte Pits Backen. Dabei wendete sie sich resolut der Tür zu: »Kommen Sie doch, Herr Nottebohm!«
Der trat herein und sagte: »Wo knipst man das Licht an, zum Kuckuck?«
»Nirgends«, antwortete Pit, der sich schnell von seinem Schrecken erholte. »Wir brennen Petroleum.«
Ich nahm die Lampe vom Schrank, brannte den Docht an und stellte sie auf den Tisch.
»Das sind ja vorsintflutliche Zustände«, sagte Herr Nottebohm, der dies alles händereibend beobachtet hatte, doch weil Tante Filzschuh ihm einen strafenden Blick zuwarf, meinte er, vielleicht sei das mal

ganz gemütlich und ohnehin nicht anders zu erwarten am Ende der Welt.

Inzwischen raschelte Tante Filzschuh geheimnisvoll mit dem sterngoldenen Papier. »Hast du nicht gemerkt, Jungchen, daß nur ein Weiser aus Morgenland zu dir gekommen ist?«

»O doch«, antwortete Pit.

»Na, und wie viele müssen es sein?«

»Drei«, sagte Pit. Und weiter sagte er: »Ich weiß auch, wie sie heißen.«

»Da bin ich neugierig«, lachte Herr Nottebohm, der sich eine Zigarette anzündete. Heute schien er es keineswegs eilig zu haben.

»Balthasar«, sagte Pit, »das ist der Alte, der gebückt geht und auf dem Esel reitet. Und der Schwarze, der auf dem Pferd, heißt Melchior.«

»Stimmt's, Tante Filzschuh?« lachte der Geschäftsführer. Er zwinkerte mir zu, damit ich sehen sollte, wie prächtig seine Laune war.

Tante Filzschuh stellte den zweiten und dritten Weisen vorsichtig auf den Koffer. Dann rückte sie an der Brille. »Was ist denn das?« rief sie überrascht, »soll das etwa die Krippe sein?« Sie tippte mit spitzem Finger auf die Zündholzschachtel.

Pit nickte.

Tante Filzschuh schüttelte den Kopf, als hätte Pit etwas Ungebührliches angestellt. »Warum grad' eine Zündholzschachtel?« Sie blickte Nottebohm, der jetzt erst recht lachen mußte, gekränkt an.

»Sehr gut!« prustete Nottebohm. »Eine Zündholzschachtel, ausgezeichnet!«

Tante Filzschuh wendete dem lachenden, schadenfrohen Nottebohm, der offenbar auf ihr Unglück anspielte und der, wie sie meinte, den Spaß zu weit trieb, ihre rundliche Kehrseite zu. Sie zog einen neuen Karton aus der braunledernen Tasche.

»Jetzt gib acht, Pit. Gleich hat die Zündholzschachtel ausgedient.«

Eine Krippe kam zum Vorschein, mit Maria und Josef und dem Jesuskind. Es war die gleiche wie im Katalog, für 16 Mark 50. Allerdings hatte Tante Filzschuh den Preis abgekratzt. Beste Handarbeit war auf dem Zettel, der unter Josef klebte, zu lesen.
Pit sagte kein Wort. Er starrte auf die Krippe. Sein Gesicht war ebenso weiß wie die Kalkwand hinter ihm.
Arko kam aus der Kiste und räkelte sich gähnend. Mal sehen, was es da Großartiges gibt, wird er gedacht haben. Plötzlich blaffte er schreckhaft: War der Junge doch wirklich aus dem Bett gesprungen und hatte sich der ollen Person im Plüschmantel um den Hals gehängt!
»Tante Filzschuh!« rief er, »Tante Filzschuh!« Arko legte den Kopf schräg, weil es ihm vorkam, als gingen Lachen und Weinen bei Pit durcheinander.
»Jungchen«, stammelte Tante Filzschuh, »du bringst mich ja um!« Sie packte ihn wieder ins Bett und hob die Brille vom Fußboden auf.
Nottebohm, kein Freund von rührenden Szenen, suchte vergeblich einen Aschenbecher. Schließlich nahm er die ausgediente Zündholzschachtel und klopfte die Asche seiner Zigarette ab. »Na«, sagte er, zu Pit gewendet, »wunschlos glücklich, wie?«
Pit schüttelte den Kopf, zu Nottebohms Überraschung.
»Nicht? Darf man fragen, wo der Schuh drückt? Ich meine, was wünscht sich der Herr?«
»Kardorf soll keine Besen verkaufen«, antwortete Pit.
Jetzt kam die Reihe, sprachlos zu sein, an den Geschäftsführer. Er blickte mich verdutzt an.
»Entschuldigen Sie, Herr Nottebohm.« Ich suchte den Eifer des Jungen abzuschwächen und erzählte, weshalb er auf diesen närrischen Gedanken kam.
»So, so«, erwiderte Nottebohm lächelnd. Dann setzte er sich auf die Kante von Pits Bett und zog ein gefaltetes Papier aus der Brieftasche.

»Kannst du lesen?« fragte er und faltete das Papier auseinander: »Buchstabier mal!«
Pit starrte das Papier an, dann Nottebohm, dann wieder das Papier.
»Los!« kommandierte der Geschäftsführer. Tante Filzschuh nickte ermunternd.
»Hiermit ... stellen ... wir ...«, begann Pit zu lesen, »den Besenmacher Jakob Thies, wohnhaft in der Baracke am Ende der Welt, bei Kardorf als ...«
»Großvater!« schrie Pit und sprang zum zweiten Mal aus dem Bett. »Großvater, du sollst Hausmeister bei Kardorf werden!« Pit schlang die Arme fest um meinen Hals.
Nottebohm räusperte sich. »Das wär's«, sagte er. »Ich brauche nur Ihre Einwilligung, Herr Thies. Nach Weihnachten fangen Sie an.« Und zu Pit gewendet: »Wie ist es? Darf Kardorf weiterhin Besen verkaufen?«
Der Junge nickte. »Unsere auch«, sagte er, »sie stehen draußen im Schuppen.«
»Abgemacht.« Nottebohm gab dem Jungen lachend die Hand und blickte auf die Uhr.
Was soll ich noch erzählen? Zuletzt bekamen sogar Arko und Erx, die Elster, eine Belohnung. Für den Hund hatte Herr Nottebohm eine große, dicke, runde Wurst mitgebracht. Für den Vogel ein Säckchen mit Trockenfleisch und Mehlwürmern, und einen Stern aus Flittergold, weil Erx doch alles Glitzernde besonders schätzt.
Der Vogel wurde herübergeholt, mit ihm Zilla und Vater Sprenkel.
»Da haben wir die Bescherung«, sagte Erx, als sie den funkelnden Stern erblickte.
Ja, eine Bescherung war es, schöner und reicher, als der Vogel und ich, der alte, mißtrauische Jakob Thies, sich vorstellen konnten.
»Siehst du, Großvater«, sagte Pit, als wir wieder allein in der Stube

saßen, und es war so still um uns wie auf dem Feld von Betlehem, »siehst du, das alles ist nur geschehen, weil Arko den Katalog auf dem Lappenberg gefunden hat.«

Und nach einer Weile fragte er: »Glaubst du nun, was die Krippenmänner mir erzählt haben?«

»Warum nicht? Heute glaube ich alles.«

Pit mißtraute mir bis zuletzt. »Auch, daß es Soldaten gibt mit roten, gestrickten Handschuhen?«

Ich nickte.

»Und daß der Räuber Kolle Kunkel bei der Krippe war?«

»Ja doch, Bengel . . .«

Da seufzte Pit und gab sich zufrieden.